INTRODUZIONE

Ehi! Guardate! Eccone uno! E un altro! E un altro ancora! Vi chiederete di cosa sto parlando. E fate bene a chiedervelo. Perché sono dappertutto: a scuola, a casa, per le strade della città, sull'autobus, in treno, in bicicletta, sullo skate-board, sui roller-blade, ma, soprattutto, nascosti fra le pagine delle vostre riviste preferite. Chi sono?

Risposta:
I RAGAZZI

BOY WATCHING

Un ragazzo è una strana creatura, insondabile, ma forse, proprio per questo, affascinante e meritevole di osservazioni attente e approfondite. Se pensate di volervi dedicare seriamente al loro studio e alla loro conoscenza, in primo luogo dovete sapere che ne esistono diverse specie, ognuna con caratteristiche particolari (alcune piú di altre) che devono essere individuate e analizzate con precisione e a distanza di sicurezza; solo quando sarete sicure di avere messo a fuoco gli aspetti piú importanti della specie con cui avete i contatti piú frequenti, potrete osare avvicinarla; anche allora, sarà necessario farlo con la massima cautela (e, naturalmente, con questo manuale a portata di mano, qualora doveste approfondire le vostre osservazioni).

Nel caso temiate che un ragazzo vi possa considerare strana, vedendovi consultare continuamente un manuale, qui troverete anche alcuni consigli pratici per incoraggiarlo a guardare dalla VOSTRA parte e, nel caso siate fortunate, a fargli pensare che siete la ragazza piú carina che abbia mai visto.

Avvertenza

Una volta individuata la specie a cui il ragazzo appartiene, preparatevi a fronteggiare una di queste eventualità:

- potreste essere prese dall'irrefrenabile impulso di gettarvi fra le sue braccia. In questo

Kathryn Lamb

BOY WATCHING

Come osservare e classificare i ragazzi di ogni specie!

traduzione di Paolo Canton e Giovanna Zoboli

MONDADORI

Ai miei figli

Illustrazione di copertina di Giulia Orecchia

ragazzi.mondadori.com

Pubblicato per accordo con Piccadilly Press Limited,
London, England
Titolo dell'opera originale *Boy Watching!*
Prima edizione maggio 2001
Seconda ristampa aprile 2002
Stampato presso Mondadori Printing S.p.A.
Stabilimento N.S.M., Cles (TN)
Printed in Italy
ISBN 88-04-49486-7

caso, cercate di trattenervi, se volete evitare che se la dia a gambe;
- potreste rimanerne al tempo stesso affascinate e spaventate. In questo caso, avvicinatevi con cautela;
- potreste essere prese dall'irrefrenabile impulso di scappare nella direzione opposta; in questo caso, fidatevi delle vostre sensazioni

Sappiate sempre a cosa andate incontro: se sarete in grado di identificare il codice comportamentale della specie a cui appartiene l'esemplare che state osservando, riuscirete a evitare di spaventarlo o di trovarvelo incollato come una cozza.

1

I RAGAZZI CHE VORRESTE ASSOLUTAMENTE INCONTRARE: I RAGAZZI SEXY

SPECIE 1
Oooh! Oooh!
Sexy
da morire

Aspetto Questa specie di ragazzo è cosí attraente da farvi andare a sbattere contro un palo o farvi dimenticare come vi chiamate; basta vederne un esemplare per far splendere il sole in una giornata grigia; cono-

Il ragazzo dei vostri sogni

scerne uno potrebbe contribuire efficacemente a risolvere tutti i vostri problemi. (Ricordate, però, che la vostra amica del cuore potrebbe scambiare il ragazzo che a voi pare l'ottava meraviglia del mondo per il peggiore degli imbranati.) Si tratta, senza dubbio, del ragazzo dei vostri sogni.

Come riconoscere un ragazzo fantastico

dal modo di camminare

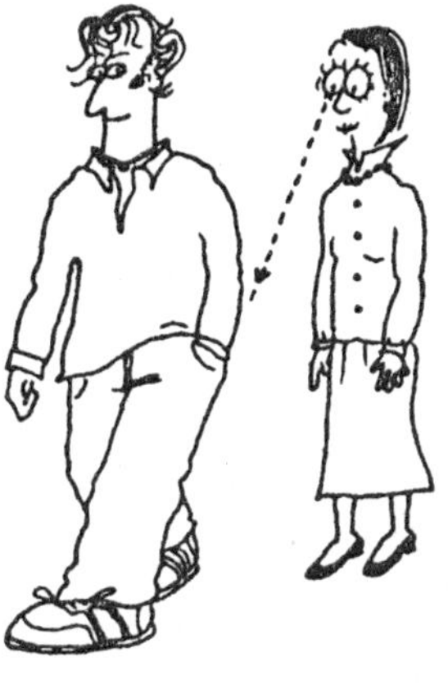

dal modo di parlare (e di guardarvi...)

Caratteristiche distintive Deliziose fossette, zigomi cesellati, il sorriso piú smagliante e il modo di camminare piú sexy che abbiate mai visto... (SIGH!). Le caratteristiche distintive del ragazzo sexy sono cosí numerose e stupefacenti che sarà meglio non annoiarvi elencandole...

Dove si trova A scuola, soprattutto nelle classi superiori. Ma potrebbe anche essere un amico del vostro fratello maggiore o il fratello maggiore di un vostro amico o l'amico del fratello maggiore di un amico di vostro fratello (ma, in fondo, cosa importa?).

Comportamento tipico Tende a non accorgersi della vostra esistenza.

Incontro tipico Vostro fratello lo porta a casa nel preciso istante in cui state uscendo dal bagno, avvolta in un asciugamano, con un asciugamano a turbante in testa, senza trucco e con la pelle lucida; perdete immediatamente la capacità di articolare parola e a gambe levate correte in camera vostra come un coniglio terrorizzato, sperando che non riesca a sentire il vostro cuore battere come un tamburo africano.

Da questo momento, sarete paranoicamente ossessionate dall'idea che, al prossimo incontro con LUI, vi capiti di:

avere il rossetto inspiegabilmente sbavato sul mento e il mascara colato sulle guance

avere i capelli
in disordine (gonfi
come un colbacco
di pelo di marmotta
o dritti come matite)

arrossire furiosamente
o coprirvi di brufoli

avere qualcosa di strano
che vi esce dalle narici

o, nei peggiori incubi...

di non esservi accorte che vi è rimasta
la gonna impigliata nell'elastico delle mutande

BOY WATCHING

Come riuscire ad attirare la sua attenzione
Uno degli espedienti qui descritti può sortire l'effetto sperato.

Fondotinta bianco candido, rossetto viola e ciglia cosí impregnate di mascara da schioccare quando chiudete gli occhi. CHE PAURA...

Misteriosa ed enigmatica (il look delle star). Controindicazioni: non vi riconoscerà (nessuno ci riuscirebbe).

Un'acconciatura diversa (... e se fosse allergico al GEL?)

- Rilassatevi e ricordate che anche lui è un essere umano. (Lo so, è difficile, ma cercate di immaginarlo appena sveglio, mentre fa colazione o il bagno – uau! – o mentre gioca con il cane... ebbene sí, anche il vostro dio è umano.)
- Siate voi stesse. Strano ma vero: è il miglior modo per attirare la sua attenzione.
- Siate simpatiche e di buona compagnia. I ragazzi adorano le ragazze che hanno personalità: capita spesso che i ragazzi piú carini

escano con ragazze di aspetto insipido, ma dotate di personalità vivace. Esercitatevi davanti a uno specchio; per essere davvero vivaci dovete sorridere con gli occhi, oltre che con la bocca. Cosí saranno piú luminosi. Cercate di pensare alla cosa piú bella che vi possa capitare (che LUI vi chieda di uscire!). E, ora, sorridete!

- Scoprite quali sono i suoi interessi e i posti che ama frequentare. Ricorrete a informatori e a spie prezzolate (chiedete aiuto a vostro fratello). Ma non cercate di strafare, altrimenti avrà la spiacevole sensazione che sappiate già tutto di lui.

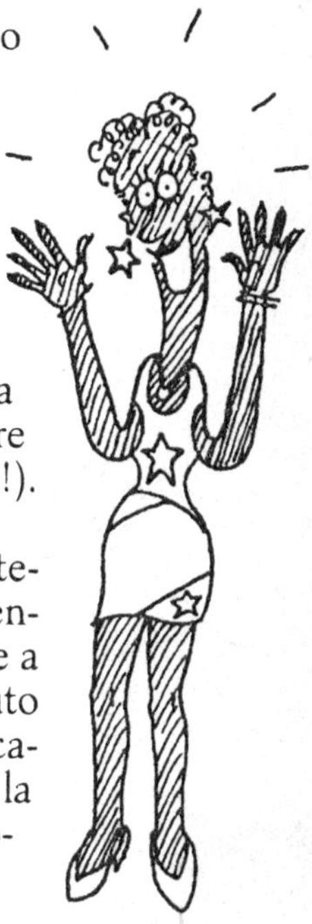

Esercitatevi a essere vivaci. (Sorridete!)
(Orecchini brillanti, smalto lucido per le unghie e trucco possono contribuire a completare l'effetto.)

SPECIE 2
Il tipo giusto

Atteggiamento Completamente rilassato. Riesce a essere disteso e a suo agio anche sui banchi di scuola.

Caratteristiche distintive Nella maggior parte dei casi, il tipo giusto lo si trova in posizione orizzontale, con i piedi (calzati da scarpe all'ultima moda) su una sedia o un tavolo (o, perfino, in braccio a voi). Le sue gambe sembrano piú lunghe del normale, e lui non si scomoda a spostarle per lasciare passare gli altri. Gli occhiali scuri sono un accessorio fondamentale e un simbolo tipico.

Come riconoscere un tipo giusto

1. Atteggiamento nei confronti dello studio

2. Atteggiamento nei confronti di problemi piú gravi

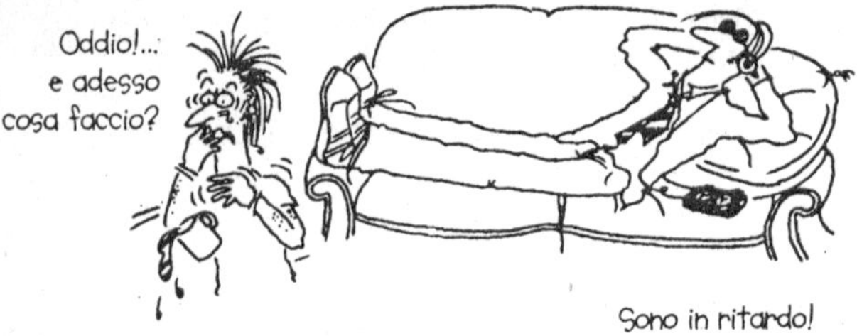

3. Atteggiamento nei confronti della vita in generale

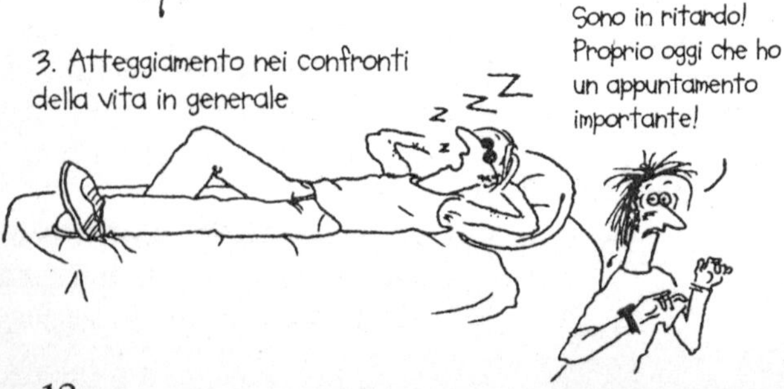

Comportamento tipico Il tipo giusto ha le idee chiare sulle proprie priorità: cibo e riposo vengono prima di tutto; il resto può aspettare. Niente riesce a rovinargli l'appetito o a toglierli il sonno. Durante i periodi di attività, ama praticare skate-board e roller-blade: ha sempre l'attrezzatura piú aggiornata. È sempre freddo e distaccato e non si scompone mai.

Reazioni tipiche del tipo giusto

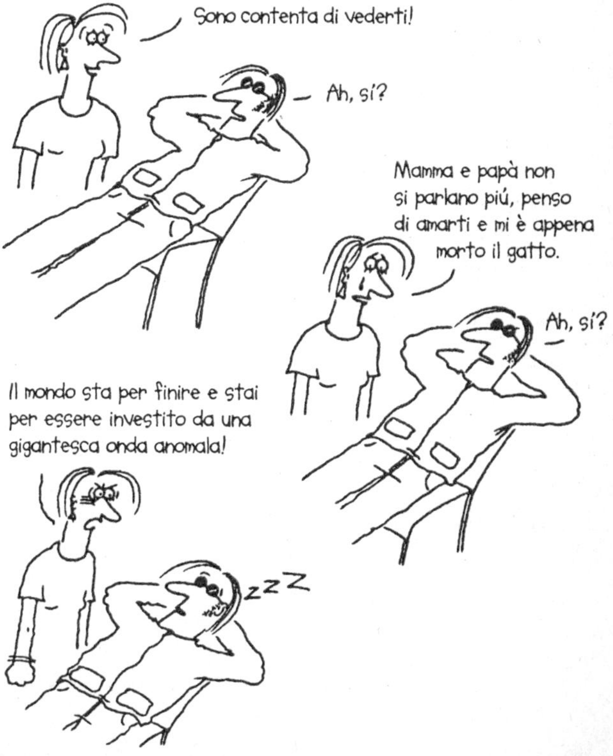

BOY WATCHING

Come attirare l'attenzione del tipo giusto

- Siate rilassate: il tipo giusto spesso pensa che le ragazze siano troppo agitate.
- Per dimostrargli che appartenete alla sua stessa specie, indossate occhiali scuri.
- Non aspettatevi troppo. Se inarca un sopracciglio, probabilmente vuol dire che gli piacete un sacco; sorridetegli (ma non troppo: sarebbe già troppo sopra le righe per lui). Se vi dice qualcosa tipo: «Sei OK, bambina», potete stare certe che ha perso la testa; se sembra assolutamente determinato a ignorare la vostra esistenza, potete tentare di attirarlo a casa vostra, utilizzando come esca le ultime versioni di computer game piú alla moda, un paio di lattine di Coca-Cola e qualcosa che gli suggerisca di poter contare su un frigorifero ben fornito.

VARIANTE del tipo giusto: **il tipo alla moda**

Caratteristiche distintive Le firme. Camicia firmata, pantaloni firmati, scarpe firmate, capelli firmati, tutto (proprio TUTTO) firmato. Dopobarba costoso che porta sempre con sé, nella tasca del piumino/giubbotto/spolverino firmato o nel cassetto portaoggetti della sua automobile sportiva (se è maggiorenne). Profuma anche nelle giornate piú torride.

Comportamento tipico Spende tutto in vestiti. Può anche sembrare miliardario, ma per comprarsi quella camicia mille tasche (tutte nei posti giusti), si è rovinato, per cui non ha piú un centesimo e non può permettersi di portarvi fuori. Non preoccupatevi: sono sicura che sarete contente di invitarlo a casa vostra, pur di poterlo ammirare per un intero pomeriggio. Se scopre di non potersi comprare l'ultimo modello ipertecnologico di scarpe sportive, può diventare piuttosto nervoso. È disposto a restare segregato nella sua stanza per qualche settimana, pur di non farsi vedere in giro con un paio di pantaloni di moda l'anno scorso.

Aguzzate la vista
Nella vignetta sono nascosti un comune mortale e un tipo alla moda nel giorno piú caldo dell'anno. Individuateli

Habitat naturale I bar alla moda (se è a corto di quattrini, riesce a far durare un paio d'ore una tazza di caffè). Ama i luoghi con molto vetro, acciaio cromato e specchi (per ammirare la propria immagine), con musica di sottofondo

Come avvicinare il tipo alla moda Con molta cautela. Evitate di scompigliare la sua capigliatura di design, di stropicciare il suo spolverino firmato (ma offritevi di appenderlo su una gruccia di legno) e, soprattutto, qualunque cosa accada, non piangete MAI sulla spalla della sua camicia.

SPECIE 3
Animale da party

Abitudini Notturne.

Comportamento e aspetto diurno Durante il giorno tende a dormire. Se svegliato,

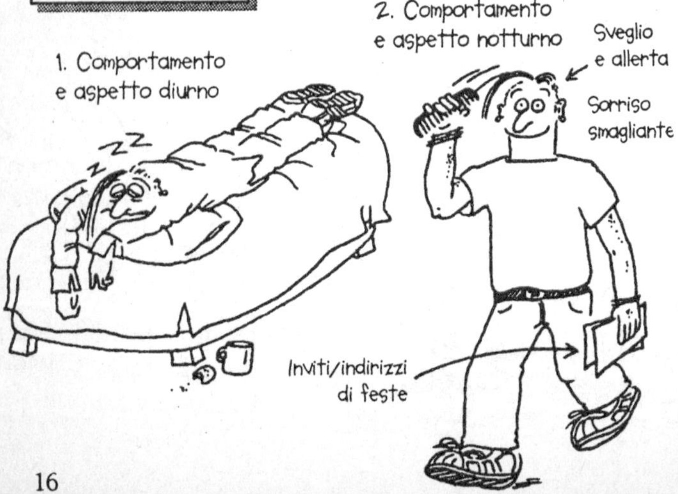

può diventare scortese e borbottare qualcosa come: «Accidenti! Lasciami dormire. Non sai che sono andato a letto alle tre?», atteggiamento non particolarmente gradito nelle istituzioni scolastiche. Sbadiglia frequentemente.

Comportamento e aspetto notturno Appena tramonta il sole, l'animale da party comincia a risvegliarsi dal profondo torpore diurno. Comincia anche a preoccuparsi per il proprio aspetto; si spoglia dei suoi abiti stazzonati che sostituisce con qualcosa di MOOOLTO alla moda. Un bagno o una doccia rapidi sono seguiti da una frenetica attività che prevede la

Sperimenta diverse acconciature e mima seducenti espressioni allo scopo di attirare le ragazze.

a) Mister Sorriso

b) Prendimi. Sono tuo

c) Il re dei carini

d) Il selvaggio

e) Il pensatore (a volte si può scambiare per uno che si sta mettendo le dita nel naso)

f) Il duro (prova a parlarmi, se hai il coraggio)

sperimentazione di diverse pettinature e la prova di alcune dozzine di magliette e camicie (quelle scartate vengono lanciate in un angolo della stanza). Trascorre una quantità di tempo scandalosa davanti allo specchio, mimando diverse espressioni, allo scopo di individuare quella piú adatta ad attirare le ragazze. Usa quantità industriali di deodoranti e dopobarba (ha un profumo inebriante). Ultimata la fase dei preliminari, infila rapidissimo la porta d'ingresso, di solito lasciandosi alle spalle uno o due genitori che gridano: «Dove stai andando? Non pretenderai di uscire anche stasera? A che ora pensi di tornare?»

Dove si trova Dovunque ci sia una festa. Se si trova con qualche amico in una casa dove non c'è una festa, ne organizza immediatamente una: «... Prendi il telefono! Chiama Luke, Fran, Bev e Scott! E digli di portare qualcosa da mangiare! Metti su della musica! Allora, cos'è questo mortorio? Avete voglia di divertirvi o no?» Quando, alla fine, i padroni di casa, scocciati, cacciano tutti in malo modo, non si lascia scoraggiare e trasferisce la festa altrove. Riesce a farsi invitare a qualunque festa, ovunque si trovi.

Aspetto alle feste L'animale da party è dotato di una qualità camaleontica che gli consente di cambiare il proprio aspetto per adeguarsi alle feste a cui deve partecipare. Ama indossare i costumi piú folli, ma anche giacca e cravat-

Il mutevole aspetto dell'animale da party

Folle – spaventaparenti

Elegante in modo quasi soprannaturale – affascinagenitori

ta (una rivelazione, per i suoi genitori) o osare lo stile *grunge* per partecipare a un *rave* di mezza nottata (i suoi genitori non gli permetterebbero un *rave* che dura tutta la notte). È durante le feste che si esprime al meglio.

Incontro tipico con l'animale da party Avvicinarlo potrebbe essere difficile, dato che si trova sempre al centro degli eventi, circondato da una piccola folla di ammiratori e seguaci. Questo a causa del magnetismo di cui è dotato: ecco la ragione per cui anche voi sarete risucchiate nel gruppo degli adoratori. Trascorre la maggior parte del tempo ballando e, quando balla, ce la mette davvero tutta. In alcuni casi è piuttosto selettivo nella scelta dei partner con cui ballare, per cui sentitevi lusingate, se vi sceglie come compagna; in altri casi, invece, vuole ballare con tutti (ma proprio tutti, uno alla volta o insieme), il che non è altrettanto lusinghiero, ma probabilmente piú divertente. Parlare con l'animale da party non è facile, perché alle feste la sua attenzione è continuamente distratta (è terribilmente popolare!), mentre durante il giorno dorme profondamente.

Quando balla,
ce la mette tutta!

Come attrarre l'animale da party Ma è ovvio: date una festa! E se i vostri genitori non sono dell'idea, convincete la vostra migliore amica a organizzarne una.

SPECIE 4
Il seduttore

Atteggiamento Assolutamente affascinante. Vostra madre pensa che sia meraviglioso, anche se è un po' spaventata da lui, pur non riuscendo a capirne la ragione. Anche voi siete convinte che sia MERAVIGLIOSO, ma la cosa non vi spaventa affatto (ed è questo che spaventa vostra madre). (La cosa si sta facendo complicata.) (Lui ha questo effetto sulle donne.) È un assoluto motivo di terrore per i vostri genitori.

Aspetto Una minacciosa mescolanza di Oooh! Strepitoso, Tipo alla moda, Vero Gentiluomo e Pulcino batuffoloso... Forse l'ultima definizione vi ha lasciato un po' perplesse: cosa vuol di-

re? Che avvertirete immediatamente l'insano impulso di coccolarlo (istinto materno mal riposto). Ha quello sguardo stupito, affascinante, da ragazzino smarrito, ma nello stesso tempo MATURO, che scioglierebbe un ghiacciaio alpino. (Il problema è che l'effetto non cambia, che si sia posato su di voi o su qualsiasi altra cosa.) Sareste disposte a TUTTO pur di farlo fermare su di voi. E, a peggiorare le cose, potrebbe anche avere quel genere di morbidi capelli biondi che non ci si stancherebbe mai di accarezzare.

Comportamento tipico Vi mangerà per colazione (o per merenda, per pranzo, per il tè, per cena o, cosa che al solo pensiero fa rabbrividire vostra madre, come spuntino di mezzanotte). Cambia venti ragazze a settimana, infrangendo cuori a tappeto. E spesso non se ne accorge neppure.

Il seduttore vi tratterà come un oggetto.

Si lascia dietro una scia di cuori infranti.

Come attirare l'attenzione del seduttore

- Siate prede difficili. Se è voi che vuole, dovrà darsi da fare e cambiare il suo atteggiamento.
- Ingelositelo. Fate le civette con altri ragazzi. Accettate altri corteggiatori. Divertitevi.
- Studiate bene la parte. Preparate le battute e fate pratica con un'amica.

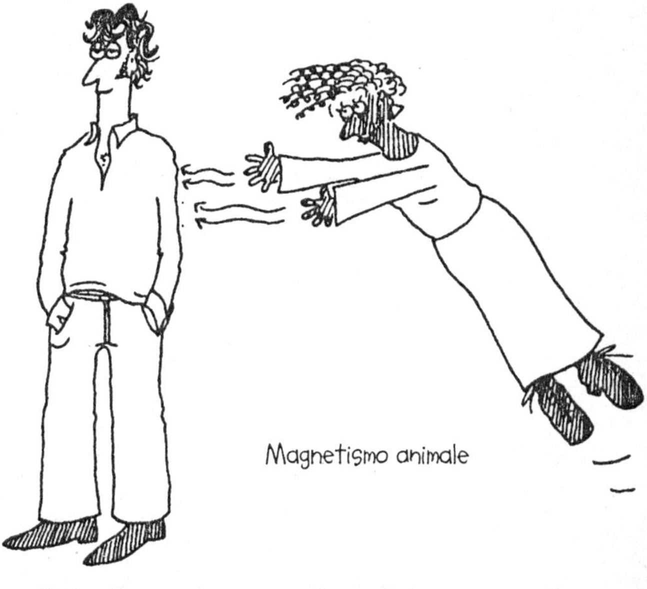

Magnetismo animale

Due diverse specie di seduttore

- **Il seduttore naturale:** gli piacciono le ragazze e la loro compagnia. Gli piace farle ridere e prenderle in giro e voi non potete fare a meno di innamorarvi di lui, anche se sapete benissimo che lui s'innamora, almeno per un po', di TUTTE le ragazze che incontra.

- *Il seduttore volontario*: questo tipo di seduttore di solito ha un numero di telefono scritto con la biro o col rossetto sul palmo o sul dorso della mano. Cerca deliberatamente di farvi innamorare di lui solo per solleticare il proprio ego; forse non ha fiducia in se stesso, e ha bisogno di continue conferme di piacere alle ragazze (il che, probabilmente, è vero).

Tutti i ragazzi che appartengono
alle specie descritte in questo capitolo
hanno una caratteristica in comune: sono

MERAVIGLIOSI!

Suggerimenti pratici

- Mostrate distacco. Essere distaccate vuol dire avere fiducia in se stesse, sapere ciò che si vale... piú facile a dirsi che a farsi. Preparate un elenco delle vostre qualità e imparatelo a memoria. Convincetevi di valere (tanto, sicuramente valete piú di quanto pensate). Chiedete a un'amica di aiutarvi a valorizzarvi.
- Convincetevi di non essere particolarmente interessate. Considerate i tentativi di attrar-

re gli esemplari di queste specie come un gioco che non vi aspettate di vincere.

- Quando avrete incontrato un ragazzo MERAVIGLIOSO, cercate di conoscere l'individuo che si cela dentro di lui. Potrebbe essere stupendo, oppure mostruoso (le apparenze ingannano). Preparatevi a entrambe le eventualità.

2

BRUTTI, SPORCHI E CATTIVI

SPECIE 1
Il Matto
Matto di tipo A: matto, ma simpatico

Aspetto Carino e divertente. Spesso indossa un cappello buffo. Oppure un cappello normale in modo buffo. Ha

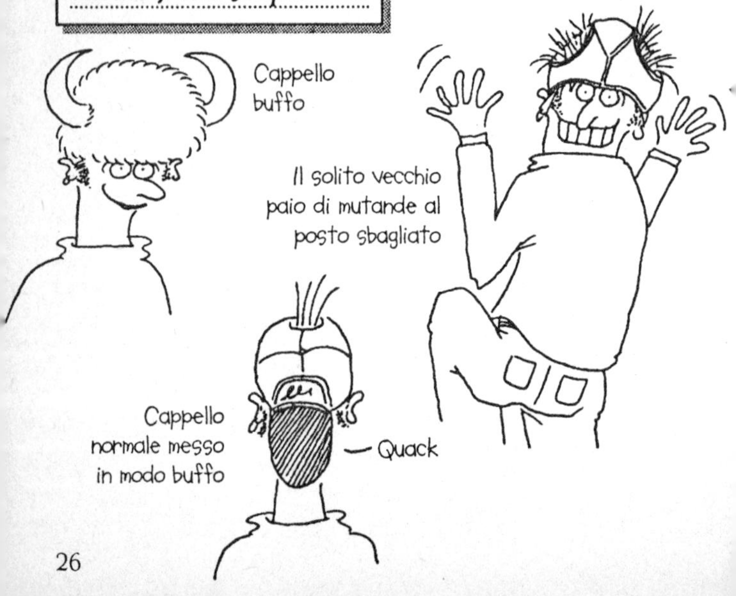

la capacità di sembrare carino anche con un paio di mutande in testa. Un tipo simpatico.

Comportamento tipico Sa fare una straordinaria imitazione di una gallina che sta per deporre un uovo quadrato. Purtroppo ha la malaugurata tendenza a esibirsi anche durante la lezione di matematica del professor Prenderghastly. Tutti (fatta eccezione per il professor Prenderghastly) ridono a crepapelle. È la gallina piú sexy che abbiate mai visto.

Dove si trova Davanti all'ufficio del preside (per via della gallina). Di solito, in mezzo a un capannello di ragazzi che ridono. Basta che seguiate il suono di risate e gridolini: «Ehi, Jool, sei proprio matto!» o «Non ci credo! L'ha fatto davvero!» o «E se si accorge che ti sei levato i pantaloni durante la lezione di geografia?»

Come attirare la sua attenzione

- Indossate un cappello buffo, ma senza esagerare. Ricordate che dovete solo essere carine, non farvi ricoverare in una clinica per disturbi nervosi.

- Ridete della sua imitazione della gallina (non vi sarà difficile: fa davvero ridere, proprio come una gallina che stia per deporre un uovo quadrato).
- Esibitevi nella vostra celebre imitazione della mosca morta (ma evitate di farlo durante la lezione di matematica del professor Prenderghastly, a meno che non siate cosí desiderose di stare accanto al vostro idolo da volerlo se-

guire anche nell'ufficio del preside. In tal caso, abbandonate ogni indugio ed esibitevi proprio sotto il naso del temibile professor Prenderghastly). Potrebbe essere affascinato dalla prospettiva di una follia a due.

Evitate di esibirvi nella vostra celebre imitazione della mosca morta durante la lezione di matematica del professor Prenderghastly.

Carattere CFDT (Completamente Fuori Di Testa.) Un vero sballato. Si fa beffe di chiunque abbia un'autorità (genitori, insegnanti, forze dell'ordine, ministri e parlamentari) e mostra la sua disapprovazione infrangendo tutte le regole. Si considera un ribelle; a volte si ispira a una mega rockstar (come Dean "il Trucido" dei Rifiuti Solidi Urbani). Un vero Spaventaparenti.

Matto di tipo B:
il ribelle/
lo scettico/
il duro

Aspetto Ha la bocca imbronciata, ma sexy; vuol far credere di non conoscere l'uso del pettine. Di solito si veste di nero.

Comportamento tipico È scontroso e sgarbato con insegnanti e genitori. Ama dare l'impressione di essere duro e sofisticato; cerca di essere ironico ed è convinto di essere meglio degli altri.

Cosa non dirgli mai Sei carino! (Anche se lo fosse.)

Matto, ma per niente simpatico

Cosa gli piace

- Musica schianta-timpani.
- Piercing estremo, tatuaggi, rasatura completa o scolorimento dei capelli, qualunque cosa lo faccia sembrare duro e sofisticato.
- L'idea di passare il tempo in locali notturni scuri e pieni di fumo.
- L'idea di una successione infinita di ragazze disposte a qualunque cosa per lui.

Cosa non gli piace

- Tutto, piú o meno (salvo quanto espressamente citato sopra).

Come vi fa sentire C'è sempre qualcosa di affascinante in un ribelle, uno che dice e fa cose che gli altri non oserebbero neppure pensare. Non c'è niente di "carino" in lui (carino può essere attraente, ma non è mai sexy) e vi sentirete irresistibilmente attratte da lui proprio perché NON è carino. Nello stesso tempo sarete un po' preoccupate per la reazione che i vostri genitori potrebbero avere vedendolo (per non parlare di quella che sicuramente avrebbero, se aprisse la porta del soggiorno a calci, come di solito fa con quella della sua classe).

Come attirare la sua attenzione

- Siate distaccate. Tende a preferire le ragazze imbronciate, quelle perennemente annoiate (soprattutto durante le ore di matematica; cosa non difficile, peraltro) a quelle sorridenti e sgambettanti, festanti come presentatrici televisive.
- Potete adottare gli aspetti meno perniciosi del suo comportamento tipico: per esempio, indossare una T-shirt del suo gruppo rock preferito (se non vi vergognate di portare addosso scritte come Rifiuti Solidi Urbani o 99 Cozze) per dimostrargli che vi identificate con lui, che vi piace la stessa musica. (Se vi piace davvero, non è difficile; ma se, segretamente, preferite le canzoni sentimentali, ripensateci: avete mai sentito che suoni riescono a produrre i Rifiuti Solidi Urbani?)
- Dato che l'imitazione è la piú elevata forma di omaggio che si può tributare a qualcuno, potete cercare di somigliargli. Questo potrebbe comportare la necessità di rasarvi a zero, decolorare o tingere i capelli di colori strani, farvi traforare il naso come un merletto per poi riempirlo di chiodi, viti e bulloni assortiti (meglio optare per quelli adesivi, meno impegnativi, nel caso decideste di cambiare idea: almeno non sarete costrette a riempire tutti i buchi di cera ogni volta che farete visita a zia Teresita). Ricordatevi anche che, ogni mat-

tina, a colazione, dovrete affrontare i vostri genitori: siete provviste dello spirito ribelle e selvaggio necessario per affrontare la loro disapprovazione? Se non ne siete sicure, e la mattina preferite sedervi a tavola augurando gentilmente il buongiorno a mamma e papà, limitatevi: un solo anellino al naso sarà sufficiente; e anziché farvi un'intera testa di fiamme viola e verdi, potrete limitarvi a qualche tocco di colore qua e là. In ogni caso, di fronte a un ciuffo verde, la reazione minima che potete aspettarvi da un padre che si rispetti è: «Ora che mi viene in mente: sabato devo ricordarmi di rasare il prato.»

Pacata reazione paterna

Un singolare effetto collaterale dell'incontro con il ribelle Potreste avere la strana sensazione di essere voi l'unica al mondo in grado di penetrare la dura scorza del ribelle per rivelare il gentiluomo, il cuore tenero, il perfetto compagno che si nasconde dietro la sua corazza spinosa e tagliente. Potrebbe essere cosí, ma, in questo caso, c'è...

Una spiacevole conseguenza Se, grazie a voi, il lupo si trasformasse in agnello, probabilmente non vi piacerebbe piú.

SPECIE 2
Il membro del branco

Dove si trova In gruppo, fuori da un bar o da un locale pubblico (noleggio di videocassette, fast food) o, piú semplicemente, all'angolo della strada, sotto i portici (quando piove), sulla scalinata del municipio o seduto sul suo muretto preferito. Lo si trova in grandi quantità negli stadi. Quelli di età piú matura si trovano in

gruppi meno numerosi all'interno di automobili da cui (nonostante i finestrini chiusi) proviene un ritmico pulsare di musica assordante.

Strano ma vero Se due o piú ragazzi di questa specie si riuniscono, molto spesso si trasformano in branco (soprattutto se ci sono ragazze nei paraggi).

Comportamento tipico Cercano di attaccare discorso con qualsiasi ragazza carina (come voi) a portata di voce. Ritengono che gridare complimenti di dubbio gusto e magnificare ad alta voce la propria prestanza fisica, siano richiami irresistibili («Ehi! Guarda che gambe! Sono io il tipo per te!»). Ma il loro vero obiettivo è mettervi in imbarazzo (e ci riescono benissimo), solo per impressionare gli amici.

Grido caratteristico EHI! UOHA! FIUFIIT! (Scusate l'approssimazione: è molto difficile rendere i loro vocalizzi in forma scritta. Per poterli riconoscere, bisogna ascoltarli almeno una volta; e sono sicura che, se non vi è già capitato, vi capiterà presto.) Il fischio che i pastori utilizzano per richiamare cani e pecore è uno dei suoni che emettono con maggiore facilità, ma si sono registrati anche strani miagolii e AAAH! di autocommiserazione (probabilmente autentica), nel caso la ragazza oggetto delle loro discutibili attenzioni non si degnasse di guardarli rapita.

Cosa accade se scoprono che li osservate (cosa che potrebbe addirittura essere inevitabile, se nel branco c'è un esemplare che vi piace): sorridono e strizzano l'occhio, con l'aria di saperla lunga. Quando vi allontanate (SE vi allontanate), cominciano a lanciare grida di giubilo e a scambiarsi manate sulle spalle. È possibile che si congratulino l'un l'altro, dicendo cose tipo: «Le piaci un sacco!» o «Non può fare a meno di te!» o «Ma tu cosa fai alle donne?», ovviamente il tutto a volume da concerto, in modo da essere sentiti. Il loro gaudio raggiunge l'apice se riescono a farvi arrossire.

Probabile effetto su di voi Vi sentite imbarazzate, ma, nello stesso tempo, lusingate dal fatto che vi abbiano notato. Ovviamente gli piacete (e loro cercano di rendere la cosa quanto piú possibile esplicita); la situazione è abbastanza eccitante: d'altra parte, non siete voi quelle che vorrebbero far girare la testa a tutti i ragazzi del pianeta? Comunque, quando passate dalle parti di un branco, tendete a preoccuparvi eccessivamente per cose improbabili, tipo che la gonna vi sia rimasta impigliata nell'elastico delle mutandine o che il rossetto sbavato vi renda ridicole. Il branco si aggrapperà a qualsiasi cosa, pur di mettervi in imbarazzo (dopo tutto, a loro piace suscitare reazioni nelle ragazze).

Come attirare la loro attenzione

- Indossate gonne corte.
- Quando passate dalle loro parti, gettate indietro i capelli con aria altezzosa e seducente (impossibile se avete i capelli corti).
- I tacchi alti sono l'ideale, ma dovete valutare bene la vostra capacità di gestirli: se inciampaste si farebbero beffe di voi e tornereste a casa ferite nell'orgoglio (e, forse, anche con una distorsione alla caviglia).
- Per la stessa ragione, evitate di indossare gonne molto leggere e vaporose in una gior nata di vento; o quella gonna con lo spacco che tende ad aprirsi troppo (a meno che, ovviamente, non vogliate VERAMENTE farvi notare).

  Questi metodi per attirare l'attenzione del branco possono anche essere divertenti, ma se non sono nel vostro stile, non preoccupatevi: potrete limitarvi a passare dalle loro parti, il fatto stesso di essere una ragazza dovrebbe bastare. Probabilmente vi sentirete meno imbarazzate e preoccupate se vi farete accompagnare da un'amica (la sicurezza del numero è un principio cardine del membro del branco: gli permette di affrontare situazioni che, da solo, non oserebbe neppure immaginare).

Una nota speciale sul membro del branco Preso da solo, liberato dall'urgenza di impressionare i compagni, il membro del branco può risultare una persona completamente diversa: piú tranquillo, riflessivo e di gradevole compagnia.

Cosa NON dire al membro del branco quando si trova in branco

- «Hai freddo?» Indossare solo una T-shirt in pieno inverno, all'angolo di una strada, è parte essenziale dell'immagine del membro del branco. Per quanto il vostro interessamento per la sua salute sia gradito quando siete soli, di fronte ai compagni diventa insopportabilmente imbarazzante; resistete alla tentazione (per quanto irresistibile) di accudirlo come farebbe sua madre. «Ho fatto questa sciarpa con le mie mani per te, Scott!» non è la cosa giusta da dire.

- «Credo di averti visto l'altro giorno al supermercato... eri con tua madre, vero?» Andare al supermercato con la mamma è una delle attività a cui il membro del branco non si dedica per nessun motivo: sarebbe ragione di interminabili prese in giro. A casa potrà anche essere tenero come un gattino e servizievole come un cicisbeo, ma appena oltrepassata la soglia domestica diventa un membro del branco: non bisogna aspettarsi debolezze o cedimenti.

- Forse, quando si è in mezzo al branco la cosa migliore da fare è tacere, sorridere molto, ridere alle barzellette e cercare di assumere un'aria distaccata. Ma ricordatevi che se, di tanto in tanto, arrossirete non sarà un problema. Anzi, il fatto compiacerà molto i ragazzi e tenderà ad aumentare il vostro SUCCESSO.
- In alternativa, se non sopportate l'idea di perdere il vostro tempo con il branco, ma vi piace un suo membro, non dite niente, sorridete il giusto e state a guardare. Se in questo modo non riuscite ad attirare la sua attenzione, probabilmente, quand'anche lo conosceste meglio, scoprireste che non vi interessa.

Nota dell'autrice Il mio editore non è certo che il membro del branco sia una specie a sé, quanto, piuttosto, una variante genetica che quasi tutte le specie descritte in questo libro subiscono nel momento in cui agiscono in gruppo. Per quanto mi riguarda, sono convinta che esistano esemplari di maschio che non possono essere ricondotti ad altra categoria che a questa.

SPECIE 3

Il cattivo ragazzo (quello che sarebbe meglio non conoscere)

Aspetto Bello da morire (cosa che può anche succedervi, se non siete consapevoli di ciò che gli interessa).

Cosa gli interessa Gli piace avere il controllo sugli altri (anche se ne ha pochissimo su di sé).

Dove si trova Nei gruppi di ragazzi piú grandi. Anche se è già grande, si sente attratto dalle ragazze piú giovani, perché gli è piú facile influenzarle e impres sionarle; potreste essere affa scinate all'idea di uscire con un ragazzo piú grande, che ha la fama del cattivo ma un aspetto terribilmente attraente: vi sentite eccitate solo a pensare alla reazione delle vostre amiche, fra lo scioccato e l'invidioso.

Comportamento tipico È arrogante, difficile da compiacere, facile alla noia. Si considera un dono di Dio per le ragazze di

Il cattivo ragazzo (cattivo nel senso di malvagio) (pericolosamente cattivo)

tutto il quartiere. Perde le staffe facilmente; a volte, si infuria per un nonnulla. Sente la necessità di divertirsi in continuazione ed è disposto a umiliarsi, mentire, rubare e ingannare, pur di ottenere ciò che vuole.

Come affascinarlo Guardatelo come se fosse un dono personale che Dio ha voluto farvi: solleticate il suo ego, seguendolo dove vi porta, adottando le sue abitudini, il suo modo di parlare (che non è ritenuto conveniente riprodurre in questo o in altri libri) e altre sue maniere ancora meno eleganti. Credete a tutto ciò che dice e non fate domande.

Fatti (tristi e pericolosi) di cui tenere conto Tanto per cominciare, stare con lui è eccitante per il fascino sottile che hanno il pericolo, il proibito e le cose che vi hanno sempre detto di non fare (anche perché le fate con una persona che vi piace). La sua forte personalità vi affascina, anche se lui si comporta male nei vostri confronti, sparla di voi con altre ragazze (anche di fronte a voi), solo per ferirvi e farvi ingelosire. È molto probabile che, nel profondo, sia una persona terribilmente insicura.

Quando, però, la novità si esaurisce, potreste trovarvi impegolate in compagnie e abitudini che potrebbero nuocervi. Il ragazzo con cui pensavate di uscire per un po', facendo un sacco di nuove esperienze, potrebbe rivelarsi dedito ad attività che portano solo al disastro, e molto in fretta. Lui è convinto di vivere esperienze estreme, ma, spesso, alla fredda luce del giorno, queste esperienze hanno il sapore amaro della sconfitta.

La sua idea di divertimento

- Andare dove non potrebbe andare (bar, locali notturni).
- Fare cose che sarebbe meglio non fare (fumare, bere... e anche di peggio).
- Ammassarsi in automobili sportive con gli amici e schizzare via a tutta velocità.
- Infrangere la legge o commettere insensati atti di vandalismo.

SPECIE 4
Lo Spaventaparenti

Aspetto Accuratamente progettato per massimizzare l'effetto sul sistema nervoso centrale di mamme e papà (come se non fosse già abbastanza scosso). Può avere la testa completamente rasata, salvo una cresta di capelli viola e verdi, o intricatissime dreadlocks in puro stile rasta, lunghe fino alle spalle o piú (la lunghezza del ricciolo è direttamente proporzionale alla reazione di vostro padre). I genitori spesso sono spaventati dalle dreadlocks: deve essere qualcosa nel nome, un che di esotico e spaventoso, oltre al fatto che in una mente tradizio nalista suscitano sospetti di scarsa propensione all'igiene personale.

Nota bene Anche i vostri genitori hanno le dreadlocks? Vostro padre porta un orecchino e un brillantino al naso e vostra madre è coperta di tatuaggi dalla testa ai piedi, e insieme conducono un'esistenza alternativa nel piú puro stile hippy? Allora si spaventeranno di piú se una sera tornerete a casa accompagnate dal presidente della Gioventú Monarchica.

Tratti caratteristici Le parti visibili del suo corpo sono traforate come merletti (piercing su orecchie, naso, sopracciglia, labbro superiore, labbro inferiore, mento, lingua); probabilmente anche altre parti del suo corpo sono traforate, ma è molto meglio che i vostri atterriti genitori non lo vengano mai a sapere. Potrebbe sfoggiare tatuaggi o baffi e pizzetto? Se è piú grande di voi (fatto in sé terrorizzante, per genitori nervosi) potrà anche avere una folta barba ribelle, raccolta in piccole treccine (deliziose, no?!). Spesso ha la coda di cavallo, una giacca di pelle consunta, piena di tasche, toppe multicolori e decorata con catene e borchie metalliche. Pensate al peggiore incubo dei vostri genitori: è lui, in carne e ossa, inviato dal Cielo per tormentarli.

Lo Spaventaparenti

Caratteristica distintiva Una mente indipendente e il rifiuto di conformarsi. I vostri genitori temono che le sue idee alternative possano esercitare sulla loro figlioletta un'influenza eccessiva («Povera cara: è cosí INFLUENZABILE!»).

Dove si trova Insieme ad altri membri della stessa specie, di solito in centro, oppure ovunque possa esibire il suo stile molto personale e spaventare ignari genitori che si trovano a passare da quelle parti.

Come attirare la sua attenzione

- Mettete un po' di colore nei vostri capelli (rosso e giallo sono sufficienti, se non avete il fegato di affrontare il viola e il verde), molto mascara su un fondotinta bianchissimo, rossetto viola scuro e gli abiti piú neri e consunti che avete. Comparite improvvisamente davanti ai vostri genitori; se gridano qualcosa del tipo: «AAARGH!» significa che avete fatto centro... il vostro aspetto ha un forte IMPATTO VISIVO. Questa trasformazione è particolarmente efficace se, abitualmente, indossate gonne a fiori e camicette bianche con il colletto di pizzo; adesso non vi resta che sperare che il vostro nuovo look aggressivo, estremo, spaventaparenti abbia lo stesso effetto su di LUI (ma ricordate che volete affascinarlo, non spaventarlo).
- Se siete fortunate e riuscite a superare lo sbarramento di reprimende genitoriali tipo: «COSÍ CONCIATA non andrai da nessuna parte!» vi troverete presto, nella rassicurante compagnia delle vostre amiche, a una festa dove sapete che sarà presente anche LUI. Ovviamente, sarebbe molto utile che

le vostre amiche si vestissero con gonne a fiori e camicette bianche con il colletto di pizzo, per fare risaltare il vostro nuovo look estremo: la cosa è decisamente improbabile, soprattutto se LUI piace anche a loro.

- Cercate di impressionarlo con comportamenti trasgressivi: ridete fragorosamente, parlate ad alta voce, cantate a squarciagola, ballate scatenate come aborigene, fate smorfie.
- Se vi accorgete che vi sta guardando (chi non lo farebbe, a questo punto?), avvicinatelo e ditegli: «Ciao!» Se vi siete davvero calate nella vostra nuova immagine aggressiva e trasgressiva, potete osare qualcosa tipo: «Che diavolo c'è da guardare!» o «Ti piace quello che vedi?» Abbiate CORAGGIO.
- Se avete fortuna, scoprirete che LUI è meno spaventoso di quel che sembra (anzi, potrebbe essere lui ad avere paura di VOI). Se, invece, è lui a farvi paura, balbettate qualche scusa stupida (tipo: «Scusa, ti ho scambiato per un altro»), e rifugiatevi nel gruppo delle vostre amiche.

Una caratteristica peculiare (spesso completamente fraintesa dai genitori) Il carattere e le maniere di questo *homo salvaticus* possono essere completamente discordanti dal suo aspetto. Sotto uno spesso strato di pelle nera, tatuaggi, catene e anelli al naso, è possibile che batta un cuore d'oro puro, perforato, sí, ma dalle frecce di Cupido (vi piacerebbe, vero?).

Lo Spaventaparenti
Cercate di immedesimarvi nei vostri genitori e di vederlo con i loro occhi. Loro sono preoccupati per la vostra sicurezza (e non dovete assolutamente cercare di convincerli che non debbano esserlo).

Cautele necessarie nel presentarlo a genitori nervosi Spesso si è tentati di aggirare il problema dell'approvazione dei genitori, provocando in loro uno stato di soporifera semincoscienza. È consigliabile, però, limitare l'intensità dello shock (quarantamila megawatt di trasgressione e aggressività non sono uno shock; sono crudeltà pura). Prepararli adeguatamente all'incontro rischia di essere difficile, ma potete sempre provarci. Dite loro che è dolce e sensibile; che è gentile e servizievole con sua madre (sperando che lo sia davvero); potete chiedergli di moderare un

Spesso il suo carattere e le sue maniere sono del tutto discordanti con il suo aspetto.

po' la sua trasgressività, anche se solo per il tempo necessario (per esempio, basta sostituire la T-shirt coperta di scritte che inneggiano allo scontro fisico con una semplice maglietta bianca, o evitare, almeno per una volta, lo smalto sulle unghie e l'eye-liner). Convincetelo che, se vostro padre si spaventa troppo, vi proibirà di uscire, e farà qualsiasi cosa pur di non vederselo riapparire davanti una seconda volta; cercate di convincerlo a togliersi, almeno per un secondo, gli occhiali da sole: i genitori sono invariabilmente convinti che chi li indossa anche di notte abbia qualcosa da nascondere. Cercate anche di far pesare il fatto che a voi lui piace com'è. Ma se i vostri genitori si spaventano facilmente e di conseguenza si comportano male, consolatevi pensando che non avete nessuna responsabilità della loro cattiva educazione.

Incontro tipico con i genitori Non importa quanto VOI siate preparate: i vostri genitori non lo saranno mai abbastanza. Dunque, non sorprendetevi se nel vederlo vostra madre si ritrae o se per un lungo istante vostro padre rimane paralizzato in una strana posizione. Alla fine, vostra madre ne sarà conquistata, soprattutto se è davvero carino e gentile e se si offre di lavare i piatti dopo cena (in casi estremi, potrebbe perfino indossare il grembiule ricamato di mamma, prima di tuffare le mani nell'acqua insaponata). Vostro padre avrà bisogno di piú tempo per passare da uno stadio di mutismo attonito a qualche balbettante tentativo di conversazione.

Gli esemplari delle specie descritte in questo capitolo hanno una caratteristica in comune: sono tutti ECCITANTI. Insieme a loro la vita non è mai piatta (per cui, se preferite le serate tranquille, in pantofole, sul divano di casa a guardare la tv, meglio che li osserviate mantenendo le distanze, avvicinandovi solo in rare occasioni e con una via di fuga accuratamente studiata in anticipo).

Suggerimenti comportamentali

- In superficie potranno anche essere brutti, sporchi e cattivi, ma, sotto sotto, possono anche essere dei teneri: cercate di scoprire cosa nascondono sotto quella dura scorza.
- Se scoprite che anche sotto sono brutti, sporchi e cattivi, state alla larga. Anzi, datevela a gambe.
- Sorprendere e spaventare parenti e amici può anche essere divertente, ma se l'unica cosa che avete in comune è il desiderio di stupire indossando abiti e accessori bislacchi, il divertimento si brucerà in fretta. Se, invece, avete anche altri interessi in comune, potrete davvero stare bene insieme; se, invece, odiate la musica che piace a lui, non sopportate i suoi amici e il suo modo di divertirsi fareste meglio a riconsiderare le vostre scelte.

3

IL BRAVO RAGAZZO (QUELLO DELLA PORTA ACCANTO)

SPECIE 1

Che tesoro!

(Fraterno di tipo A)

Dove si trova Alla porta accanto. In fondo alla via. In classe. I vostri genitori conoscono i suoi genitori. Di solito è sempre al vostro fianco, quando avete bisogno di lui.

Voce Rassicurante. Calda. Dice la cosa giusta al momento giusto e riesce a mettervi di buon umore. Riesce ad avere una bella voce anche al telefono. Potreste stare a parlare con lui per ore. E lo fate spesso. Vostro padre si lamenta della bolletta del telefono e vostra madre è convinta che fra voi ci sia qualcosa di piú... Voi riuscite a guardarla fissa negli occhi, giurandole che non è vero; lei non vi crede (irritante!) e la prossima volta che sarà lei a rispondere a una sua telefonata, correrà da voi, sussurrando trafelata: «È LUI! È LUI!»

Carattere Sincero. SOLIDO. Leale. Attento. Quando vi abbraccia, vi sentite AL SICURO. Sentite anche qualcos'altro? No. Assolutamente NO!

SPECIE 1/bis

Che tesoro!

È com'è bello!

(Fraterno di tipo B)

Dove si trova Alla porta accanto. In fondo alla via. In classe. I vostri genitori conoscono i suoi genitori. Di solito è sempre al vostro fianco, quando avete bisogno di lui. (Il vero tesoro si rivela nel momento del bisogno.)

Voce Rassicurante. Calda. Ma... aspettate un momento! Quando sentite la sua voce al telefono, avvertite uno strano brivido... No, non lo definireste esattamente "strano"; piuttosto... PIACEVOLE.

Carattere Sincero. SOLIDO. Leale. Attento. Quando vi abbraccia, vi sentite... svenire.

Caratteristica distintiva (e molto spiacevole) Lui non prova le stesse emozioni per voi. Il suo atteggiamento nei vostri confronti è assolutamente fraterno: se lo guardate con aria sognante vi dice che avete l'aria stanca e vi offre una tazza di cioccolata calda. Insistete nella speranza che un giorno si ravveda e vi confessi di avervi sempre amato.

Eppure, fino a ieri lui aveva occhi solo per voi; e voi non vi accorgevate neppure della sua esistenza. E oggi, che dareste tutto per un suo sguardo, lui corre dietro a quella stupida...

Come affascinarlo

- Indossate il vostro abito piú sexy: forse vi vedrà sotto una nuova luce.
- Accettate la cioccolata calda che vi offre e, mentre la bevete, suggeritegli di accomodarsi accanto a voi sul divano. Lanciategli sguardi invitanti e seducenti, ma non troppo espliciti. La sua reazione potrebbe essere: «Sei sicura di star bene? Mi sembri un

po' paonazza.» Oppure potrebbe essere proprio la reazione che aspettavate.

- Ricordate che una solida amicizia è la base migliore su cui, a tempo debito, si possono costruire relazioni piú profonde. Meglio non esagerare, mettendo a repentaglio ciò che siete già riuscite a costruire.

.. e quando vi abbraccia, vi sentite... SVENIRE!

SPECIE 2

Il ragazzo che ogni madre sogna

Caratteristica distintiva Per bene. Molto, molto per bene.

Comportamento tipico Educato e gentile con tutti. I vostri genitori lo trovano perfetto. E questo vi fa imbestialire. «Edwin è cosí PER BENE. Non trovi anche tu che sia proprio un ragazzo a posto, cara?» Si scambiano domande di questo genere di fronte a voi, che pure sapete quali saranno le risposte («È proprio un ragazzo per bene. Molto, molto per bene.») Poi vostra madre (sí, di solito è la mamma) vi rivolge la solita, inutile domanda: «E tu cosa pensi di Edwin? Non trovi che sia un ragazzo proprio a modo?» A questo punto interviene vostro padre: «Anche suo padre è una persona per bene.» Al che vostra madre, per non essere da meno, aggiunge: «E sua madre è una donna squisita.» A loro non interessa affatto la vostra opinione: l'unica cosa a cui sono interessati è vedervi legata a Edwin da una profonda amicizia e, magari...

Dove si trova Vive con i genitori nella casa accanto alla vostra. Ma anche se abitasse dall'altro capo della città, lo incontrereste continuamente: al supermercato con sua madre quando andate a fare spese con la vostra; a passeggio con il cane proprio nei giardinetti dove portate a passeggio il vostro (anche i due cani si trovano bene insieme, essendo cani molto per bene); seduto accanto al vostro banco, a scuola; in biblioteca; nella sala d'aspetto del dentista; alla fermata dell'autobus. Cominciate a sospettare che abbia il dono dell'ubiquità.

Cosa vi fa provare Sensi di colpa. Sapete che è un bravo ragazzo. Molto, molto per bene. Ma proprio non ci riuscite: per quanto cerchiate di reprimervi, NON LO SOPPORTATE!

BOY WATCHING

Anatomia del bravo ragazzo (molto, molto bravo)

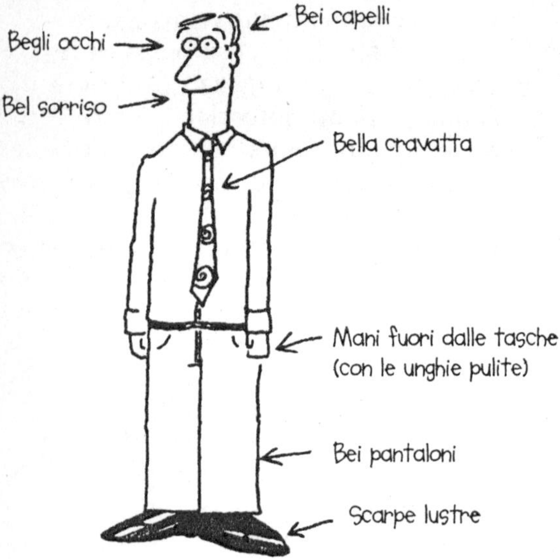

Un ragazzo per bene. Molto, molto per bene.

Ma, ogni volta che lo incontrate,
sentite l'insopprimibile desiderio di trasformarvi...

... così.

Come riuscire a sopportare un ragazzo per bene

- Domandatevi cosa avete contro di lui. È un bravo ragazzo. E piace ai vostri genitori. Ma non è colpa sua: anzi, non è nemmeno una colpa.
- I bravi ragazzi, di solito, hanno il sex-appeal di una zucchina bollita. Ma forse guardate le cose in modo sbagliato. Forse ha qualità che non sospettate e che potrebbero rendere la sua presenza quasi accettabile. Forse.
- Cercate di trovare qualcosa di lui che vi piace (un interesse in comune o quella fossetta che si forma all'angolo della bocca quando sorride).

SPECIE 3

Il timido

Versione A:

timido e sofferente

Voce Praticamente, non ne ha. Occasionalmente, è esitante e sommessa: «Csnmaico.» (Traduzione: «Ciao, sono Michael!») Se non fosse per quel suo nervoso schiarirsi la voce, potrebbe passare per muto.

Comportamento tipico Sembra sempre spaventato, mai a proprio agio; si siede sull'orlo della sedia, con le braccia conserte e lo sguardo fisso a terra, come se fosse irresistibilmente attratto da piastrelle e tappeti; se nella stanza c'è una ragazza che gli piace, senza alcun preavviso si alza e bofonchia: «Scusate, ma mi sono ricordato che...» ed esce precipitosamente dalla stanza, andando a sbattere contro lo stipite della porta.

Tratti non immediatamente percepibili È un tipo pieno di risorse: ha mille e uno interessi (mille e due, se avesse il coraggio di confessare quello che nutre per voi). A volte riesce perfino a essere divertente in maniera travolgente. E, una volta che avrete conquistato la sua fiducia, non finirete mai di stupirvi.

Come conquistare la sua fiducia e avvicinarlo a voi

- Chiedetegli qualcosa di lui, lasciandogli intendere che siete genuinamente interessate (ma non esagerate, sottoponendolo a un incalzante fuoco di domande).
- Usate la tecnica della distrazione. Per esempio, portate con voi il vostro animale domestico, in modo che possa concentrarsi su qualcosa che non siete voi (cani e gatti, in queste occasioni, sono piú adatti dei pesci rossi). Questo gli offrirà la possibilità di rilassarsi e di avere un argomento di conversazione, senza sentirsi al centro dell'attenzione generale.
- Visitate un museo o andate allo zoo, dove ci sono un sacco di cose da guardare e di cui

parlare (gorilla, arte precolombiana eccetera). Una volta avviata, la conversazione potrà essere delicatamente orientata su argomenti di vostro maggiore interesse, come lui e voi.

Il timido
Versione B:
ragazzo carino con un sorriso timido

Effetti del sorriso timido sulle ragazze
Anche la ragazza dotata delle ginocchia piú solide si ritrova le gambe molli quando questa creatura quasi divina le sorride timidamente da sotto i suoi riccioli d'oro (o d'ebano o d'ambra). È una combinazione devastante (e non vi è mai piaciuto tanto sentirvi devastata): lui è straordinariamente bello, ma, a peggiorare le cose, questo non fa di lui un bellimbusto arrogante e sprezzante. Per questo è un vero miracolo.

Come affascinarlo Sorridetegli. No, non mostrategli una fila di denti come nelle pubblicità dei dentifrici: sorridete con gentilezza e affetto. E se non vi sorride, non demordete: continuate, imperterrite, a sorridergli.

SPECIE 4

Il simpatico

Ovvero, una risata vi travolgerà

Carattere Poco serio. Rifiuta di prendersi sul serio e gli piace farvi ridere. (E a voi piace un sacco che vi faccia ridere.)

Tratti caratteristici Un sorriso ipnotico. Una risata contagiosa (e, a volte, assolutamente epidemica); occhi scintillanti. E un perenne buon umore. È carino, simpatico e sexy: una combinazione vincente.

Comportamento tipico Se vi accompagna a fare shopping, si proverà vestiti, cappelli e scarpe strane, solo per farvi ridere. Improvviserà balletti sul marciapiede, per lo sbigottimento dei passanti. Farà chiassosissime imitazioni di animali da cortile di ogni razza fra i tavolini del bar. Sarà imbarazzante, ma non potrete fare a meno di ridere... anche perché lui è cosí carino...

Dove si trova Forse siete cresciuti insieme, avete giocato insieme e, alle elementari, eravate nella stessa classe. Lui continua a venire a trovarvi per giocare e questo vi dà un senso di sicurezza, perché, insieme, potete dimenticarvi di essere cresciuti e comportarvi come bambini, almeno per un po' (anche se non vi dispiacerebbe se vi chiedesse qualcosa di piú adulto, come un appuntamento romantico). Nel frattempo, vi divertite. Se un giorno tornate a casa con la faccia colorata di verde e una grossa carota gonfiabile sotto braccio, ai genitori stupefatti dovete solo dire: «Sono stata da Lenny.» Loro si limiteranno a borbottare un: «Aha!», come se la giustificazione fosse sufficiente.

Come farlo avvicinare davvero

- Fategli il solletico. Reagirà immediatamente facendovi il solletico.
- Proponetegli di giocare alle sardine*: giocarci in due è impossibile, ma può essere ugualmente divertente, e lui è abbastanza stupido da accettare. Forse, avrete qualche difficoltà quando cercherete di spiegare a vostro padre cosa ci facevate chiusa con Lenny nello stipetto sotto l'acquaio della cucina.

Tutte le specie descritte in questo capitolo hanno una caratteristica fondamentale in comune: sono persone solide e gradevoli da frequentare, come amici o come... (se solo si decidessero).

Suggerimenti pratici

- Non sottostimate queste specie: non sono comuni né banali. Andate alla ricerca degli aspetti piú profondi del loro carattere: possono essere perfino piú affascinanti dei Brutti, sporchi e cattivi, se gli si offre la possibilità di rivelare il loro vero volto.
- Ricordate che le piú belle storie d'amore si fondano sull'amicizia e che, per gli esemplari di queste specie, l'amicizia viene prima di tutto.
- E se volete trasformare un'amicizia in amore, dovete darle molto, molto tempo.

4

IL TIPO IMPEGNATIVO/SENSIBILE

SPECIE 1
Intellettuale
di tipo A:
mente brillante in
corpo seducente

Caratteristica distintiva numero uno
Il suo cervello.

Caratteristica distintiva numero due
Il suo corpo. L'ordine di priorità non è necessariamente quello indicato.

Voce Siete consapevoli del fatto che sta parlando proprio a voi, e che probabilmente vi sta dicendo qualcosa di interessante e intelligente, ma non avete sentito una parola, perché siete distratte dal suo aspetto fisico. Improvvisamente, vi rendete conto che vi ha chiesto: «E tu? Tu cosa ne pensi del *Mulino sulla Floss* di George Eliot in rapporto all'attuale situazione mondiale? Non trovi che sia di estrema rilevanza anche per l'odierna condizione giovanile?»

La bocca vi si spalanca e dalla gola vi esce un suono curioso («Durrr!»), mentre il vostro cervello cerca disperatamente di ricordare il significato della parola "rilevanza". Proprio in quell'istante, vi rendete di nuovo conto di quanto LUI sia bello e il cervello alza bandiera bianca, cedendo completamente al sentimento.

Tratto caratteristico Magnetismo intellettuale.

Tratto tipicamente scoraggiante Vi fa sentire ignoranti e non osate chiedergli chiarimenti sull'argomento di cui parla, per non passare da vere e proprie capre. (In questo caso, praticate la solita vecchia tattica: immaginatelo mentre fa cose ordinarie e quotidiane, come fare colazione, il bagno – uau – portare a passeggio il cane. Non è solo un cervello con un paio di gambe.) (Per quanto le sue gambe siano proprio belle.)

Dove si trova In biblioteca. Anche in altri posti dove può studiare, discutere teorie, fatti storici e discipline filosofiche. Essendo cosí bello, sicuramente pratica uno sport o va in palestra. Di solito, l'intellettuale di tipo A ha molti amici: è simpatico e molto popolare.

Come avvicinarlo Non esagerate nel cercare di impressionarlo. A metà della vostra conferenza sul ciclo di vita del rospo comune, noterete che il suo sguardo va spegnendosi. Ci sono tre possibilità:

- state disturbando la sua concentrazione, nel qual caso un'ottima idea sarebbe lasciarlo in pace, in modo che possa continuare a fare quel che stava facendo;
- non è interessato ai rospi;
- non riesce a concentrarsi su quello che gli dite perché è sedotto dai vostri occhi e dal vostro continuo sbattere di ciglia.

Intellettuale di tipo A

È possibile che non sia alla ricerca di una partner intellettuale, per trascorrere lunghe serate a discutere di impegnativi argomenti (questo può farlo benissimo con i suoi amici intellettuali). Forse, ogni tanto, preferirebbe rilassarsi e dimenticare lo studio in compagnia di una persona amichevole e simpatica. In questo caso, con garbo, potrete anche fargli balenare l'idea che anche voi siete dotate di una mente brillante quanto la sua. Ma evitate di strafare solo per impressionarlo: è piú facile che vi apprezzi per le vostre buone qualità (calore umano, senso dell'umorismo, onestà) che per la vostra approfondita conoscenza del rospo comune.

SPECIE 1 bis
Intellettuale di tipo B: intellettuale e basta

Aspetto Di solito è alto e magro (si dimentica di mangiare perché è sempre concentrato sui libri).

Tratti caratteristici Porta occhiali che continuano a scivolargli sul naso, per cui è costretto a spingerli indietro con la punta dell'indice. Si dice che questo sia segno di intelligenza sopraffina, anche se, piú semplicemente, potrebbe trattarsi di un banale caso di occhiali troppo grandi. L'intellettuale di tipo B ha un pomo d'Adamo molto prominente: la ragione di questo carattere non è nota, anche se qualcuno suppone sia quella di alloggiare un cervello supplementare.

Dove si trova In biblioteca. Quasi sempre con il naso affondato in un libro o incollato allo schermo di un computer.

Caratteristiche distintive Assoluta mancanza di senso pratico. Tende a calpestare cose o a inciamparvi. È stato visto scusarsi con una sedia dopo averla fatta cadere. Di solito è negato per lo sport.

Come avvicinarlo Ha bisogno di qualcuno che abbia cura di lui (la solita fregatura dell'istinto materno): se gli fate un caffè, gli portate la merenda, lo aiutate a trovare gli occhiali o quel certo libro che doveva aver lasciato proprio lí, e invece... (tende a perdere tutto), vi amerà per sempre. Questo, per voi, potrebbe presentare risvolti spiacevoli. Potreste avere difficoltà a scollarlo dai libri per portarlo a ballare ma, quando ci sarete riuscite, siate pronte a...

Un comportamento sconcertante La musica ad alto volume, le luci intermittenti e il battito ritmico delle discoteche possono produrre su di lui effetti inusitati. Il suo naturale istinto a lasciarsi andare e a divertirsi – fino a quel momento represso – può prendere il sopravvento: in questo caso, ballerà tutta la notte. Sudando, si dovrà togliere gli occhiali, diventati inservibili per via delle lenti appannate, e potrebbe anche togliersi la cravatta e sbottonare la camicia. Lo vedrete, cosí, sotto una nuova luce.

Quando, esauste, sarete crollate su una poltroncina, lui continuerà a ballare, come se non avesse fatto altro in vita sua.

Intellettuale di tipo B

SPECIE 2
Artistoide

Aspetto Gli piace avere un forte impatto visivo e potrebbe presentarsi alla lezione di matematica con il viso coperto di biacca e una stella rossa dipinta sulla fronte con il rossetto. Tutti lo trovano affascinante, salvo il professor Prenderghastly, l'insegnante di matematica, che lo spedisce immediatamente a lavarsi la faccia. Ma ogni tentativo di reprimere il suo istinto artistico non fa che spingerlo a esprimerlo con maggiore forza: alla prossima lezione di matematica si presenterà con la faccia e i capelli d'oro. Di solito, la sua natura è incoraggiata dall'insegnante di disegno, che lo indica a tutti i compagni come luminoso esempio di genuino talento artistico. La cosa, a volte, può assumere una piega fastidiosa: il ragazzo si interesserà mai a qualcosa di cosí artisticamente rilevante come voi?

Com'è in realtà Per avere un'idea della sua personalità, osservate le sue opere. Ci troverete enormi spirali nere, gigantesche macchie multicolori, tratteggi intricatissimi che rappresentano ogni genere di soggetto: esseri apparente mente umani, creature che somigliano a uccelli, organismi mostruosi, cose che strisciano lasciando una scia come lumache, cose con un sacco di denti e cose che non possono essere definite altrimenti che cose. Cosí, adesso, vi siete fatte un'idea: le sue opere vi hanno aperto uno spiraglio sulla sua vera natura (spaventoso, no?).

Tratto distintivo Dita lunghe e affusolate sempre impegnate a manipolare creta, matite e pennelli. Come vorreste che ve le passasse amorevolmente fra i capelli!

Comportamento tipico Tende a essere molto tranquillo, perché scarica le sue tensioni e le sue emozioni nell'arte, che lo coinvolge completamente e a cui dedica intere giornate chiuso nell'aula di disegno o nella sua stanza. Abitualmente è amichevole, ma può diventare brusco e scortese, se il lavoro a cui sta dedicando ogni energia non va come vorrebbe.

Il momento peggiore per avvicinarlo Non sorprendetelo alle spalle, mentre è intensamente concentrato su un disegno complicato, urlando improvvisamente: «Uau! Ma è bellissimo!» Trasalirà e dal pennello gli sfuggirà un'enorme rigaccia nera che attraverserà tutto il disegno. «Guarda cosa mi hai fatto fare!» potrebbe essere la prima e l'ultima frase che sentirete uscire dalla sua bocca. Analogamente, non tentate

di avvicinarlo nel caso in cui un quadro a cui sta lavorando da settimane si sia rovinato (anche se non è stata colpa vostra).

Il momento migliore per avvicinarlo Quando fa un passo indietro per ammirare la propria opera, ed è evidentemente soddisfatto del risultato. È questo il momento di dire: «Uau! Ma è bellissimo!» e domandargli se ha altre opere da mostrarvi. Si dimostrerà piú che felice di farlo. Se dipinge un quadro per voi, vuol dire che certamente gli piacete (cosí potrete conservarlo gelosamente per tutta la vita, metterlo sotto il cuscino, prima di addormentarvi, eccetera).

Come affascinarlo Dando un'interpretazione intelligente delle sue opere. Ma, attente, perché potrebbe andare male: se vi mostra il ritratto di un cane e voi commentate che da quel disegno emerge tutta la sofferenza e l'infelicità di una bestia vittima di un padrone poco affettuoso e che vi basta guardarla per sentirvi commossa e oltraggiata al tempo stesso, rischiate di sentirvi rispondere, con aria scocciata, che in realtà si tratta del suo coniglio Jack, uno degli animali meglio accuditi della storia dell'umanità. A questo punto, meglio battere in ritirata, invece di insistere e peggiorare la situazione con goffe scuse, tipo che la prossima settimana avete un appuntamento dall'oculista e, in fondo, cani e conigli si somigliano molto.

SPECIE 3
Animale politico

Tratto distintivo Magnetismo animale (politico).

Dove si trova Alle assemblee scolastiche o ai dibattiti. È riconoscibile per l'accentuata gestualità nelle fasi calde delle discussioni, anche al bar o in mensa. È una delle specie piú facili da avvistare e riconoscere.

Comportamento tipico Discute animatamente, anche per ore, sostenendo la necessità di qualche cambiamento nella gestione della scuola (o della città o della nazione o del mondo o dell'universo). Presta sempre un orecchio attento a qualunque lamentela o problema gli sottoponiate – inclusa l'ampiezza insufficiente degli armadietti della palestra – ed è disposto a sostenere il vostro interesse. ADORA discutere. Ma, piú di tutto, adora IMPORSI nelle discussioni e vedere messi in atto cambiamenti positivi che migliorano la qualità della vita. Insomma, è il vostro eroe.

Caratteristiche distintive dell'animale politico di tipo A (conservatore) Ha fascino (un sacco), fiducia in se stesso (totale), carisma (no, non è un dopobarba) (o forse è anche un dopobarba), un'espressione preoccupata e un block-notes. Il suo sorriso è disarmante (e sulle vostre gambe, sulle vostre braccia e su tutto il resto, ha uno strano effetto).

Magnetismo animale (politico)

Cautele necessarie nell'avvicinare questo tipo (che si avvicina, vi tallona e vi assale all'improvviso, brandendo il suo block-notes)
Può essere pericoloso: potreste ritrovarvi a solleticare il suo ego (che è già abbastanza in-

gombrante). Cercate di rimanere intellettualmente indipendenti, anche se, fisicamente, desiderate non esserlo affatto.

Caratteristiche distintive dell'animale politico di tipo B – altruista (Rappresenta i deboli, gli oppressi... voi?) È dominato da un sacro furore e da un'irrefrenabile ambizione di cambiare il mondo (che vi attrae, vi assorbe e vi trascina via).

Come attrarre la sua attenzione Pensate a una giusta causa per cui battervi e cercate di coinvolgerlo. Sostenete le sue battaglie.

Cautele necessarie nell'avvicinare questo tipo Può mettervi seriamente nei guai, inducendovi a farvi fare strane cose, come incatenarvi al cancello della scuola: la cosa potrebbe anche essere piacevole, se a liberarvi fosse uno squadrone di prestanti vigili del fuoco, ma, di solito, chi si occupa di queste cose è un bidello maldisposto che vi farà sospendere.

ATTENZIONE

Gli esemplari di questa specie hanno la tendenza a non essere sinceri: potrebbero non prendervi sul serio e voi finireste per essere coinvolte in un sacco di situazioni ridicole per qualcuno che non è genuinamente interessato a voi.

SPECIE 4
Poeta

Aspetto Pallido e affascinante. Piú raramente solo pallido. Magro: i giovani poeti grassi sono una vera rarità; di solito i poeti tendono ad aumentare di peso con il passare degli anni.

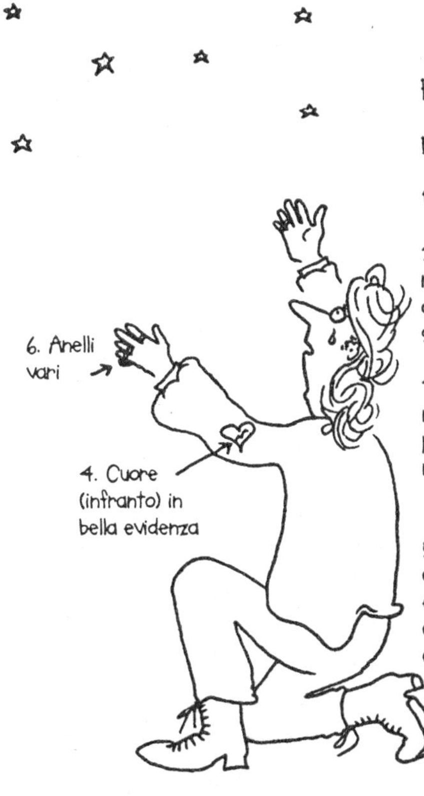

Riconoscere il poeta

Elementi da individuare:

1. Lunghi capelli romantici

2. Lunga camicia bianca, romantica, con maniche a sbuffo, sbottonata sul petto (Ooooh!)

3. Stivaletti romantici (ma non entrate in un negozio per chiederne un paio: non capirebbero)

5. Espressione del volto che denota amore deluso e infelice (lui, di questo, ci campa: evitate di corrispondere il suo amore troppo rapidamente; potrebbe perdere interesse nei vostri confronti)

BOY WATCHING

Dove si trova Nelle notti serene, intento a osservare le stelle (trovate un'amica che, una notte, si presti a osservazioni astronomiche).

Costumi alimentari Quando viene assalito dalle emozioni, tende a perdere l'appetito.

Voce Rotta dall'emozione (a volte, solo rotta).

Comportamento tipico Solitario, vago e inconcludente (nell'era delle connessioni in tempo reale, praticamente una condanna). Ha un vero talento per i gesti dolci e romantici (quando è di buon umore).

Stagione di maggiore attività Il giorno di San Valentino.

Tipico incontro con un poeta In classe, qualcuno vi tocca un gomito e vi passa un biglietto piegato con cura. «Te lo manda lui!» sussurra, indicandovi un ragazzo nell'angolo (il cui nome potrebbe essere Florian o Lucien o Corin o, piú raramente, Brian). Aprite il foglio e scoprite che contiene una poesia d'amore. Vi sentite simultaneamente imbarazzate e felici, e avvertite il rossore salirvi alle guance. Anche il poeta si sente simultaneamente imbarazzato e felice e, probabilmente, tenderà ad arrossire: in fondo sta rivelando i propri sentimenti e sa di correre il rischio che voi, o qualcun altro, si possa fare beffe di lui (quelli del branco soprattutto, che non considerano attività masco-

line la poesia, cosí come la danza classica e il pattinaggio artistico).

Come avvicinarlo Ditegli che amate guardare le stelle. Suggerite la possibilità di condividere con lui questo momento di gioia. Raccontategli di un posto meraviglioso e selvaggio dove vi piace ritirarvi, da sola, a passeggiare, o semplicemente a contemplare lo spettacolo della natura. I poeti amano i luoghi solitari e selvaggi, dove passeggiare e assaporare le meraviglie del creato. E, per unire l'utile al dilettevole, tutto questo camminare su e giú per colline e scogliere farà un gran bene alla vostra forma fisica.

Cautele consigliate nell'approccio Noterete che la maggior parte delle sue poesie riguardano lui. È profondamente introspettivo e può cadere nella categoria degli egocentrici, anche se, almeno lui, tende alla sincerità: nessuno può affermare che i sentimenti che esprime siano davvero simulati.

Poesia d'amore

Versi per te
Luce che brilli
Nell'oscura soffitta del mio cuore
Piena di vecchie cose inutili
Che devono essere buttate
Per fare posto a te.

Niente di piú lusinghiero che ricevere una poesia d'amore scritta appositamente per voi. Anche nel caso i vostri sentimenti nei confronti dell'autore non fossero ben definiti, vi sentireste cosí amate da non resistere alla tentazione di rispondergli con qualcosa di veramente carino:

Brillerò per te,
Se il tuo amore è vero.
Il mio, non so.
E se questo batticuore
Fosse solo un fuoco di paglia?
Chi vivrà, vedrà:
E noi ci rivedremo,
Prima o poi.

Probabilmente, finirete per strappare in mille pezzi la vostra poesia e nasconderla in fondo al cestino della carta straccia, prima che qualcuno riesca a leggerla. Nel caso vogliate *davvero* farla leggere all'interessato, assicuratevi in anticipo della sincerità dei suoi sentimenti, altrimenti potreste ferire la sua sensibilità o trovarvi in imbarazzo: il poeta è una creatura sensibile. Coltivate la sua amicizia (oltretutto, utilissima, se in letteratura siete scarse).

SPECIE 5
Il verde

Atteggiamento Preoccupato. Interessato all'ambiente. Si è autonominato "Protettore capo di tutte le cose piccole e indifese, pelose e verdi" (o anche enormi, senza peli, indifese e verdi, come la foresta pluviale).

Tratto distintivo Tutto quello che ha è riciclato: usa carta riciclata (anche carta igienica riciclata!), buste riciclate, borse riciclate per portare le sue cose riciclate. Di solito indossa felpe in fibra naturale, di tonalità fra il verde, l'arancio spento e il terra di Siena, logore ai polsi e ai gomiti.

Dove si trova Al centro per la raccolta differenziata dei rifiuti. È anche possibile trovarlo in camera sua: nel qual caso noterete alle pareti poster di Greenpeace, ritagli di giornale sugli ultimi disastri ecologici e fotografie di animali di specie in pericolo di estinzione. Insomma, niente immagini di fotomodelle in abiti succinti, emblemi di squadre di calcio, trofei sportivi e paccottiglia varia: nella sua tana i consueti simboli dell'adolescenza sono assenti.

Comportamento tipico È un attivista e prende parte a marce, manifestazioni e proteste a favore dei diritti degli animali e di altre tematiche ambientaliste.

Come riuscire ad avvicinarlo Confuse in mezzo a un gruppo di attivisti, sotto una pioggia torrenziale, affondate nel fango fino alle caviglie, protette solo dai rami di un'antica quercia, a protestare contro l'abbattimento di un bosco, disposto per ampliare una strada a scorrimento veloce. Niente di male, se nutrite la medesima passione per le questioni ambientali: c'è qualcosa di molto affascinante nella sua appassionata preoccupazione e nel suo amore profondo per tutte le creature viventi (con la speranza che la categoria comprenda anche voi). Ma, per quanto forte sia il vostro desiderio di avvicinarlo, vi suggerisco di fermarvi qualche istante prima di trovarvi appollaiate su uno dei rami piú alti della quercia, costrette a restarvi per i prossimi tre giorni.

Cautele consigliate nell'approccio Ammirate il suo atteggiamento appassionato, ma sappiate che questa straordinaria dote può trasformarsi in una monomania, mutando il vostro affascinante principe verde in un altrettanto verde, ma noiosissimo, rospo. Se vi aspettate che sia sensibile al vostro nuovo profumo o trucco, siete destinate a rimanere deluse. «Spero solo che non sia stato testato su animali» è l'unica reazione possibile.

«Non lo è» griderete, offese. «Ho controllato sulla confezione.»

«LA CONFEZIONE! Ma ti sei mai chiesta quanti ettari di foresta pluviale vengono abbattuti ogni anno per produrre le inutili confezioni del tuo profumo (o rossetto o matita per gli occhi)?»

SPECIE 6
Il New Age

Nome alternativo Merlino. (In realtà si chiama Steve, ma non gli sembrava un nome adatto alla propria personalità.)

Abitudini alimentari Quasi sempre vegetariano; potrebbe anche seguire una dieta macrobiotica che richiede un accurato bilanciamento di lenticchie, tofu e vegetali vari di cui, fino a ora, non avete mai sentito parlare. Dopo una giornata con lui, non è infrequente svenire in preda alla fame e, appena si volta dall'altra parte, ingollare di nascosto una tavoletta di cioccolato ripiena di canditi, noccioline e caramelle mou.

IL TIPO IMPEGNATIVO/SENSIBILE

Il New Age prende le cose molto sul serio (soprattutto il cibo).

Aspetto Indossa abiti larghi, in pure fibre naturali, nelle tonalità spente del verde e del marrone, che gli consentono una completa libertà di movimenti cosí da poter assumere complicate posizioni yoga, respirare liberamente e muoversi con estrema grazia (e a voi piace da impazzire la grazia con cui si muove).

Habitat naturale La sua stanza è piena di cuscini sparsi sul pavimento, statuette di Buddha in porcellana e poster a soggetto mistico o magico. È possibile che sia riuscito ad appendere drappi e teli etnici al soffitto, creando un'atmosfera da tenda; preferibilmente, dorme su un futon.

Segni distintivi Indossa talismani e porta al collo cristalli magici, oltre a un laccio di cuoio (molto sexy) al polso o alla caviglia. Per quanto possibile, preferisce camminare scalzo, in modo da essere piú vicino all'energia vitale di Madre Terra.

Comportamento tipico È in stretto contatto con la parte piú interiore di sé. A voi basterebbe entrare in contatto anche solo con quella piú superficiale: obiettivo non difficile da realizzare, dato che lui è naturalmente empatico (ciò significa che sa cosa provate senza bisogno che lo confessiate). Tuttavia, portato agli estremi, questo atteggiamento può avere esiti sconcertanti. Basta che lo guardiate e lui vi dice: «Guai a casa? I tuoi genitori ti stanno facendo penare?» L'impulso di piangere sulla sua spalla è fortissimo e, dato che è una persona compassionevole, probabilmente non gli dispiacerebbe se lo faceste. Cercate, però, di non farlo troppo spesso: anche il New Age piú accanito tende a preferire la compagnia di ragazze allegre.

Come attirare la sua attenzione Se ammirate il suo coraggio di essere diverso, non abbandonatevi all'impulso di ridere sfrenatamente, vedendolo apparire con indosso un caffettano arancione lungo fino ai piedi o un abito altrettanto bizzarro. Ha un temperamento serio e sensibile a volte piuttosto intenso, ed è facile offenderlo. In realtà non ha tanta fiducia in se stesso quanto sembra e sarebbe indelicato metterlo in imbarazzo e farlo sentire goffo e inadeguato. Sarebbe una vera tragedia, se perdesse quella straordinaria grazia e libertà di movimenti (che lo rendono cosí affascinante). Potreste chiedergli di insegnarvi yoga o fingere un dolore alle spalle e al collo: nessuno è abile come lui nelle tecniche di rilassamento. Probabilmente conosce una gran quantità di terapie e rimedi naturali, incluso il potere curativo del massaggio (cosa che lo costringerebbe a TOCCARVI); e, in effetti, possiede davvero un magico potere terapeutico: vi fa sentire cosí bene! Ma ricordatevi di non guarire troppo in fretta: sarà necessario piú di un trattamento.

SPECIE 7

L'attore

Aspetto Mutevole, in funzione della parte che sta recitando. Un giorno può comparire con una folta barba bianca, come quella di Re Lear, o vestito da albero, secondo l'importanza della parte che ha ottenuto.

Cosa non bisogna dire a un attore

- «Hai una parte importante?» (Se proprio volete, ditelo; ma è probabile che la cosa non lo metta di buon umore.)
- «*Macbeth!*» Pare che solo a nominare il titolo di questo capolavoro shakespeariano, la sfortuna si abbatta sugli attori.

Due tipi di attore

- Il primo tipo è calmo e sensibile, quasi timido, ma in palcoscenico si trasforma completamente: lí, finalmente, riesce ad aprirsi e a calarsi in qualunque ruolo, esprimendo intensamente tutte quelle emozioni che, fuori dalla scena, non riesce a gestire con facilità.
- Il secondo tipo ha un carattere frizzante, colorato ed esplosivo tanto sulle scene quanto nella vita di tutti i giorni. L'attore è una strana miscela di specie diverse, ha elementi dell'Esibizionista, del Poeta, del Romantico,

dell'Intellettuale, oltre che una qualità unica e un talento inimitabile (ovviamente, stiamo parlando di quello che recita Re Lear, non di quello costretto a fare l'albero).

Come attirare l'attenzione dell'attore

- Cercate di ottenere una parte (possibilmente il ruolo di protagonista femminile) in uno spettacolo che lui andrà a vedere o, meglio ancora, a cui parteciperà. Idealmente, voi sarete Giulietta e lui Romeo (SIGH!). Sfortunatamente, il destino non sempre è propizio: potreste anche ottenere la parte dell'albero, nel qual caso lui non saprà nemmeno che esistete. Il meglio che vi potrebbe capitare è che, durante la tensione drammatica del monologo, vi abbracci.
- Se la vostra capacità di recitazione è limitata (cioè, se siete completamente negate), potete lavorare dietro le quinte, alla produzione; potete offrirvi di truccarlo (ma accertatevi di essere capaci: niente di peggio di un Re Lear che, nel bel mezzo della scena, perde la barba).
- Ditegli che lo spettacolo vi è piaciuto molto e che pensate sia stato molto bravo. Gli farà piacere, al punto che, se del primo tipo, potrebbe arrossire. Di solito, l'attore del primo tipo è un ragazzo modesto, per cui non c'è bisogno di esagerare e di chiedergli l'autografo; se, invece, si tratta del tipo spumeg-

giante ed esplosivo, non trattenetevi: essere lusingato gli piace.

- Quando esce di scena, offritegli un bicchiere d'acqua (sotto le luci della ribalta, si ha la tendenza a disidratarsi).
- Se appartiene al tipo estroverso, indossate abiti colorati, perfino trasgressivi, e un pesante trucco teatrale (purché vi renda piú carine) per risaltare fra la folla. Per lui, l'aspetto esteriore è molto importante: quanto piú sarà eccentrico e teatrale, tanto meglio.

Cautele necessarie nell'avvicinarlo In scena, il suo monologo tragico potrà commuovervi fino alle lacrime. Ancor piú vi commuoverà il monologo con cui vi dichiarerà il suo amore; ma siete sicure che non stia recitando? E, ancora piú importante, LUI è consapevole di non essere piú sul palcoscenico? Ma in fondo che importanza ha? Se è bello da morire, vi si getta ai piedi e, in ginocchio, vi giura amore con parole di fuoco, starete a farvi molte domande? NO, molto improbabile. Lui ha la capacità di rendere la vita colorata, vivace e romantica, come uno spettacolo teatrale; per cui, che lo spettacolo cominci! Anche se il finale non dovesse essere lieto, potrebbe valerne la pena. Sappiate, però, che non sarà semplice seguire il suo spettacolo...

Tutte le specie descritte in questo capitolo hanno una caratteristica comune: la profondità di pensiero e di sentimento. Per questo desiderate cosí ardentemente che pensino a voi e... sentano voi.

Suggerimenti pratici

- Tenetevi in disparte e, per qualche tempo, osservate con attenzione il vostro esemplare. Seguitelo, senza farvi notare, per farvi un'idea piú precisa dei suoi comportamenti.

- Gli esemplari che appartengono a queste specie reagiscono piú positivamente a un approccio gentile; con loro, essere troppo dirette rischia di essere controproducente.
- Sebbene non altrettanto solido del ragazzo della porta accanto, il rappresentante di queste specie è pur sempre un eccellente fidanzato.

5

IL TIPO SPORTIVO IN FORMA! MOLTO IN FORMA!

SPECIE 1 Il campione scolastico

Comportamento tipico In occasione delle partite importanti, è lui che salva la giornata, segnando il gol o il canestro vincente oppure superando tutti all'ultimo chilometro e tagliando il traguardo; se cade o si fa male, tutte le ragazze della scuola trattengono il respiro e devono essere trattenute dalla forza pubblica perché non si precipitino in campo o sulla pista per soccorrerlo, stringere il suo corpo sofferente fra le braccia, tergergli il sudore dalla fronte gloriosa, eccetera. Si può proprio dire che vi faccia impazzire (ma fa impazzire tutte).

Aspetto Un vero spettacolo della natura. Meraviglioso. Da morire. Muscoli guizzanti. Di solito è anche elegante. E, se le cose vanno come sperate, sarà un gioiello di cui andare orgogliose.

Didietro Una scultura classica. Irresistibile in braghette.

Controindicazioni È talmente occupato fra allenamenti, partite e sedute in palestra che non gli rimane molto tempo per una vera vita sociale.

Come attirare la sua attenzione

- Informatevi sullo sport che pratica. Imparate a memoria fatti e numeri importanti.

Il campione scolastico

Uau!
Un didietro scultoreo

- Domandategli come faccia a vincere sempre le gare o ad afferrare la palla o a segnare il gol decisivo, e se ha consigli tecnici da darvi. (Attenzione, la cosa funziona solo se non avete l'aspetto e l'atteggiamento di un vegetale che ha piantato radici nei cuscini del divano, vale a dire se praticate attivamente almeno uno sport.)
- Osservate le ragazze dei campioni professionisti del suo sport e copiate il loro stile.

SPECIE 2
Il polivalente

Caratteristica principale Pratica tutti gli sport all'aperto (anche se piove a dirotto). È estremamente competitivo: ama battere i propri record personali e infrangere la barriera del dolore.

Come attirare la sua attenzione Assistete a tutti gli eventi sportivi a cui partecipa, indossando qualcosa di riconoscibile, come una sciarpa rossa o un cappello di paglia. Fingete di compilare moduli e registrare dati; cercate di non incrociare il suo sguardo per almeno tre mesi.

All'ultima vittoria, invitatelo a brindare con voi con una lattina di Coca-Cola.

Probabile risposta «No, grazie. Le bolle della Coca aumentano la galleggiabilità e peggiorerebbero la mia prestazione.» (O, in alternativa: «Non ingerisco mai niente di liquido, tre ore prima di uno sforzo», «Se mi siedo, mi vengono gli spasmi muscolari alle gambe» o «Sono ancora troppo nervoso per bere o mangiare qualsiasi cosa.»)

Il vero polivalente
In forma! Molto in forma!!!
Potete raggiungerlo, ma non pensate
di riuscire a catturarlo:
sarete in forma perfetta, ma senza piú fiato
e a lui basterà accelerare il ritmo per lasciarvi alle spalle...

Un approccio alternativo

«Posso fare qualcosa per aiutarti ad allenarti per la gara?»

«Sí. Potresti aiutarmi con il training autogeno.»
«Ma la mamma mi ha detto che certe cose...»
«Cos'hai capito? Ti sto solo chiedendo di ripetermi continuamente che posso farcela.»
«Okay. Puoi farcela.»
«POSSO FARCELA!»
«PUOI FARCELA!»
(Si continua cosí per una buona mezz'ora.)

Un altro modo per attirare la sua attenzione Qualunque sia l'evento a cui partecipa, offritevi di cronometrarlo. Quando ne avrà avuto abbastanza di tentare di abbattere il suo record personale, chiedetegli di cronometrarvi. (Per esempio, in quanto tempo riuscite a vuotare una lattina di Coca-Cola?)

SPECIE 3
L'ossessionato

La sua ragione di vita Lo sport. Vive di sport. Mangia sport. Respira sport.

Comportamento tipico Si allena in palestra e pratica diverse discipline. Quando non sta facendo sport, passa il tempo guardando trasmissioni sportive alla tv o parlando di sport con gli amici (ossessionati come lui) o leggendo le pagine sportive dei quotidiani.

Musica preferita Canzoni da stadio, sigle di trasmissioni televisive, inno nazionale (ma solo prima delle partite).

Talento peculiare Riuscire a guardare per intere giornate la ripetizione in replay della stessa azione, senza annoiarsi.

Stato emotivo Altalenante: o è al settimo cielo perché la sua squadra ha vinto o ha il morale sotto le scarpe perché ha perso. Se ha il morale sotto le scarpe, frequentarlo non è affatto divertente (a meno che non vi piaccia avere a che fare con un maniaco-depressivo).

Abitudini alimentari Barrette energetiche e bevande speciali ad alto contenuto di glucosio e carboidrati. Fanno schifo e dovete esserne consapevoli, nel caso vi offrisse la merenda.

Habitat naturale in casa (1) e fuori (2)

In casa La sua stanza è affollata di trofei sportivi, fotografie in cornice, nastri, coccarde, coppe, targhe commemorative e orribili souvenir. Il suo copriletto porta i colori e le insegne della squadra del cuore e, accanto al letto, c'è l'immancabile pila di riviste sportive. Nel caso si stancasse di leggere, ci sono un vogatore, una cyclette e un set completo di molle per i pettorali (vi siete domandate se potrebbero avere un effetto su di voi? La risposta è sí, ma non nel senso che credete voi).

Fuori Il campo sportivo locale, lo stadio, il circolo del tennis...

Come attirare la sua attenzione

- Procuratevi due biglietti per la manifestazione o l'evento sportivo a cui non vorrebbe mai mancare.
- Potete anche tentare di aprire una rivista di sport, segnalandogli un articolo particolar-

mente interessante. (Ovviamente, l'articolo interessante dovreste essere voi!) Vi strapperà di mano la rivista e divorerà l'articolo. Meno probabile che divori voi.

- Indossate una sciarpa con i colori della sua squadra.

SPECIE 4

Lo sportivo da boutique (ma se è bello, cosa importa?)

Come riconoscerlo Dalle etichette dei migliori stilisti di abbigliamento sportivo: Nike, Adidas, Puma, Ellesse, Reebok, eccetera.

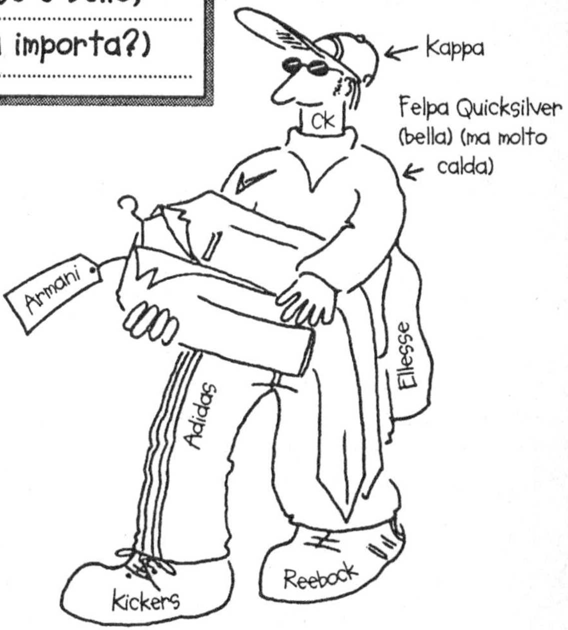

Aspetto Sembra il manichino del miglior negozio di articoli sportivi della città. I suoi abiti non sono puliti, sono immacolati. Per quanto minuscola, non gli si è mai vista addosso una macchiolina di fango.

Comportamento tipico Nonostante l'aspetto da atleta pluripremiato, in cima alla prima rampa di scale è già a corto di fiato.

Fatto poco noto In genere, non gli piace affatto praticare sport (ma ditelo sottovoce).

Fatto molto noto Adora frequentare gli sportivi e vivere di gloria riflessa.

Come attirare la sua attenzione

- Proponetegli una spedizione di shopping o qualsiasi altra attività da svolgere in centro, dove possa esibire i suo vestiti alla moda e, possibilmente, trovare un paio di negozi di articoli sportivi per fare rifornimento.
- Adottate un abbigliamento sportivo (una gonnellina da tennis potrebbe attirare il suo occhio, ma non esagerate con i pizzi). Ama essere visto in compagnia di ragazze sportive e alla moda, con tutte le firme giuste al posto giusto (e fare parte dell'esibizione può anche essere divertente).

Caratteristiche positive dello sportivo da boutique

- Ha l'aspetto di un vero sportivo...
- ... ma, dato che non pratica alcuno sport, non suda e profuma sempre di dopobarba.
- Ha un sacco di tempo da dedicarvi, visto che non trascorre ogni preziosissimo istante allenandosi.

Tutte le specie descritte in questo capitolo (con una sola eccezione che certamente saprete individuare) hanno una caratteristica in comune: sono in forma. Molto in forma.

Suggerimenti pratici

- Mettetevi in forma!
- Cercate di sapere che sport pratica.
- Non aspettatevi che sia comprensivo e disposto a consolarvi: non ha tempo da perdere. (Potete sempre tentare una carriera da giornalista sportiva e corrergli dietro con un microfono in mano.)

6

RAGAZZI NOIOSI, FASTIDIOSI E IRRITANTI, CHE SAREBBE MEGLIO NON ESISTESSERO

(SE LI CONOSCI, LI EVITI)

SPECIE 1

Egocentrico/Ego gonfiato/Ego, ego e superego

Aspetto Affascinante. Profondamente interessante. E devastantemente bello. È questo quel che pensa guardandosi allo specchio.

Talento peculiare Riesce a parlare di sé per tre ore consecutive senza mai prendere fiato.

Ulteriore talento peculiare Riesce ad annoiarvi fino alle lacrime e oltre; per evitare i danni irreversibili derivanti dall'esposizione alla sua specie, il cervello vi si paralizzerà completamente: in pratica, si autoibernerà; riprenderà a funzionare solo nel momento in cui lui smetterà di parlare.

Dove si trova Nei vostri peggiori incubi, tutto preso a parlare di sé.

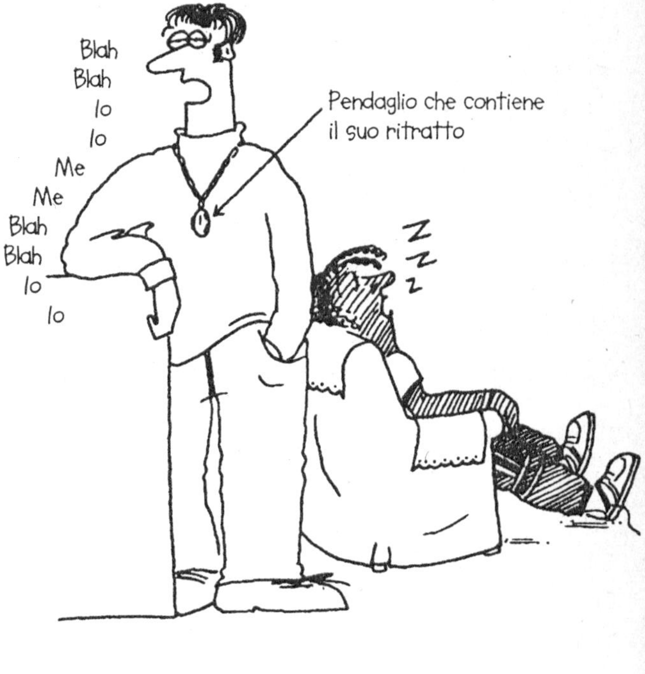

SPECIE 2

Il tuttologo

Carattere distintivo Testa GROSSA. La sua testa potrebbe anche sembrare una verruca in mezzo alle spalle, ma le apparenze ingannano. La testa è GROSSA, ma il cervello è minuscolo.

Esistono diverse varietà di tuttologo:

Tuttologo di tipo A:
Il secchione o tuttologo scolastico

Comportamento tipico Se un professore vi fa una domanda e voi date la risposta sbagliata (e lui, ovviamente, conosce quella giusta perché è stato sveglio tutta la notte a "secchiare"), si batte teatralmente la mano sulla fronte e scuote la testa, emettendo un suono tipo: «DURRR!», con cui vuole informare tutti i presenti che siete un'oca di prima grandezza. Che ragazzo cortese e affascinante: non perde occasione per dimostrare la propria intelligenza e sapienza.

Tuttologo di tipo B:
Tuttologo
sessuale

Comportamento tipico Gli piace magnificare pubblicamente le sue molteplici imprese amorose e con partner sempre diverse. Stranamente, non lo si vede mai insieme a una ragazza. Probabilmente, gli piacciono le ragazze immateriali.

Tuttologo di tipo C:
Tuttologo
musicale o sportivo

Avvicinare con cautela MAI, per nessuna ragione al mondo, chiedergli che gruppo ha inciso un certo album o che squadra ha vinto il tal campionato. La sua risposta tenderà a essere talmente puntuale, precisa, accurata e approfondita da farvi dispiacere terribilmente di averla posta (e, probabilmente, vi farà perdere l'ultima corsa dell'autobus per casa).

Tuttologo di tipo D:
Tuttologo
sociale

Tratto distintivo Una tendenza compulsiva a citare nomi famosi. Conosce chiunque sia minimamente famoso (anche se non sembra che, a sua volta, sia conosciuto), ed è stato dappertutto nell'orbe terracqueo. Non è possibile impressionarlo, perché ha già tutto, ha già fatto tutto e ha tutte le T-shirt; ha l'aria annoiata e ci tiene a dimostrarvi che vi considera noiose, pur aspettandosi che siate molto impressionate da lui. È piú stupido che dannoso e non riesce a fare colpo.

Cosa dire a un tuttologo Niente. Limitatevi a sbadigliare. Lui potrebbe ricevere il messaggio, oppure no.

Raro ibrido di Tuttologo Sociale/Esibizionista e Snob/Cosmopolita

SPECIE 3

Monomaniaco

(non di voi, ma di farfalle/calcio/motociclette/musica/eccetera)

Aspetto Occhio sbarrato, lucido, incredulo; gote arrossate; capelli leggermente ritti in testa. È innamorato (di voi)? No. Ha appena visto una falena batracofaga minore, molto rara in questo paese: anzi, è stata avvistata solo un'altra volta nella storia dell'universo ed è per questo che lui è straordinariamente eccitato.

Comportamento tipico Dedica interamente il vostro primo appuntamento a un'accurata descrizione delle gioie derivanti dall'osservazione della falena batracofaga minore nel suo habitat naturale.

Nota speciale sui monomaniaci musicali Si aspettano che li ascoltiate suonare per ore e ore, se necessario. Nessun problema, se sono dotati di talento; qualcuno, invece, se non lo sono.

Incontro tipico con il monomaniaco musicale Ha appena acquistato una chitarra elettrica, la cosa piú importante che gli è accaduta in vita sua. «Farò parlare e cantare questo tesoro» annuncia. E non c'è dubbio che riesca a farla parlare e cantare; il problema è come.

Riesce a farla lamentare e urlare come un gatto malato: proprio il genere di musica che vi fa rimpiangere di non avere un bel secchio di acqua gelida da rovesciargli addosso.

SPECIE 4

Anorak/

nerd/impallinato

Aspetto Anorak. Cappello di lana con pompon; camicia infilata nelle mutande. Calze e mutande lise o bucate, ma amorevolmente lavate, stirate (e perfino smacchiate se necessario) da un'amorevole mamma geek, che si occupa anche di stirare impeccabili pieghe ai suoi pantaloni, sempre troppo corti.

Voce Nasale. Sembra sempre che abbia il raffreddore o le adenoidi infiammate. Si soffia il naso, producendo squilli di tromba di diverso timbro, in un grande fazzoletto di un inquietante color grigiolino.

Comportamento tipico Si trova sempre nel posto sbagliato al momento sbagliato.

Anorak della sottospecie I: Net-head (impallinato informatico)

Comportamento tipico Sta seduto a fissare lo schermo del suo computer per ore e ore, giornate intere (e intere nottate); nelle rare occasioni in cui si concede una pausa (per una barretta al cioccolato e una tazza di tè solubile), parla solo di computer e ingaggia interminabili discussioni con i suoi amici net-head sulle caratteristiche dei rispettivi config.sys e autoexec.bat. Quanto basta per farvi uscire dai gangheri. Vi parla in una lingua ancora sconosciuta, in cui le parole che piú frequentemente ricorrono sono BIOS, DOS, CPU, RAM MMX e WYSIWIG (pronunciata "visivig": un suono delicato, ma ancora privo di significato, per noi comuni mortali). E, anche nel caso conosceste la sua lingua, non avreste voglia di parlarla per il resto dei vostri giorni.

Tratto distintivo È perdutamente innamorato e integralmente devoto al suo computer e NON è ASSOLUTAMENTE possibile che una donna riesca a mettersi fra lui e il suo PC. Con ciò, consideratevi avvisate.

Anorak della sottospecie 2: Collezionista di francobolli

Aspetto Che sia un collezionista, lo porta scritto in fronte. A furia di osservare da vicino quei pezzettini di carta colorata, probabilmente la vista gli si è indebolita.

Comportamento tipico Profondamente metodico. Per quanto appartenga a una specie dominata dalla passione, l'unica emozione che riesce a scaldargli il cuore è il ritrovamento di un francobollo raro o, quantomeno, di uno che già non possegga. Trascorre ore, giorni e notti, interi fine settimana, vacanze scolastiche – cioè la vita – nella massima tranquillità, catalogando quadratini e rettangolini di carta colorata (a volte hanno forme diverse, e questo rende la faccenda molto piú eccitante), e ordinandoli in enormi e pesantissimi libri, che chiama "album dei francobolli" (orgoglio e gioia della sua vita).

Un piccolo avvertimento Cercate di non starnutire quando vi mostra la sua collezione: rischiereste di trascorrere le seguenti ventiquattr'ore carponi sul pavimento, nell'affannosa ricerca di un triangolino di carta di inestimabile valore, emesso dalle poste delle Mauritius per celebrare il bicentenario dell'estinzione del dodo.

Cercate di non starnutire!

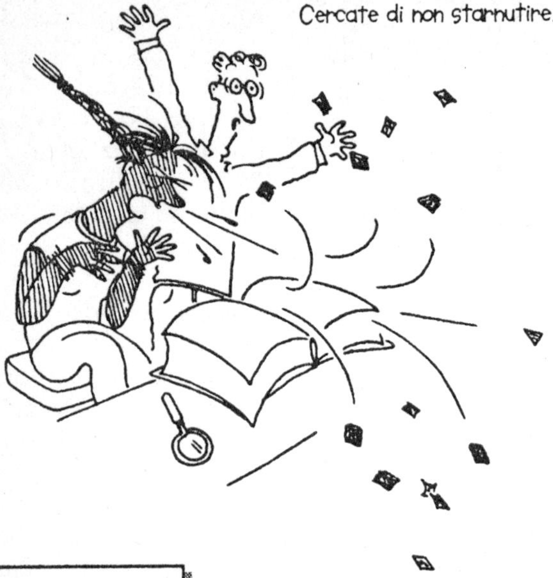

SPECIE 5

È tutto suo padre

Aspetto Giacca e cravatta. Quando si sente a proprio agio, un vecchio maglioncino abbottonato davanti e scarponcini scamosciati. Ben pettinato, con una scriminatura laterale perfettamente rettilinea (ma con un po' piú di capelli rispetto a papà). Al mare, indossa i sandali con i calzini.

Come trovarlo Seguendo le impronte di papà. Ha lo sconfinato desiderio e l'insopprimibile ambizione di diventare responsabile dei controlli di produzione, proprio come papà.

Comportamento tipico Tende a essere estremamente organizzato e ossessivamente meticoloso. Se gli metteste in disordine le penne allineate con precisione sulla scrivania, rischierebbe l'infarto.

Segno di riconoscimento Una foto di papà, incorniciata, sulla scrivania (in modo che gli sia d'ispirazione mentre studia).

Cose che, probabilmente, gli sentirete dire

«Per favore, chiudi la porta quando esci.»

«Se fossi in te, starei piú attenta: quella gonna è davvero troppo corta.»

«Ah, è tornato il bel tempo. Approfittiamone per fare un po' di giardinaggio.»

«Mi sta bene questo maglioncino?»

«Be', accidenti e accidentaccio!» (Questa è una delle espressioni piú forti che usa nei momenti di massimo stress come quando, per esempio, qualcuno gli mette in disordine le biro. Dopo averla pronunciata, si porta la mano alla bocca e assume un'espressione d'imbarazzo.)

Cosa diranno, probabilmente, i vostri genitori «Impressionante: è tutto suo padre!» La cosa stupefacente è che lo diranno in tono di approvazione.

SPECIE 6
Il logorroico

Abitudini Ha la pessima abitudine di aprire bocca e di lasciar uscire un fiume irrefrenabile di parole. I logorroici tendono a radunarsi in piccoli branchi. Ci sono i Grandi Logorroici, i Grandi Logorroici Chiazzati (ma non è colpa loro, se hanno la pelle grassa), e i Logorroici Minori. I Grandi Logorroici hanno la voce sonora, ma tutti hanno una caratteristica comune: parlano, parlano, parlano, parlano, parlano... e non ascoltano. Mai.

Voce Il logorroico ama il suono della propria voce.

Il Logorroico
Cacciategli in bocca una patata bollita per fermare il suo diluvio di parole.

Tratto distintivo Un caso disperato di diarrea verbale. Una vera cornamusa. Ha abbastanza fiato da gonfiare sei mongolfiere in partenza per il giro del mondo e ritorno. Non gli si secca mai la gola.

Avvertenza Non offritegli mai curry o fagioli stufati: rischiereste pericolose fughe di gas da varie aperture, con rischi di esplosioni e danni irreversibili all'ambiente.

Come liberarsi di lui Portatelo direttamente in mensa e cacciategli in bocca una patata bollita: dovrebbe bastare a fermare il diluvio di parole.

Il suo motto Perché limitarsi a una sola parola, quando se ne possono dire sessantacinque?

SPECIE 7
Esibizionista/Snob

Abitudini Gregarie. Tende a radunarsi in gruppi composti da suoi simili, che portano nomi tipo Henry Fforbes-Winterbotham (per non dimenticare Jennifer Farquar-Squitterson), presso discoteche e locali "in".

Voce Sonora. MOLTO SONORA. Cita compulsivamente nomi famosi, soprattutto di stilisti di vestiti costosi, di posti "in" dove farsi fare un taglio di capelli e, piú genericamente, di qualunque cosa dichiari spudoratamente: «Io ho un sacco di soldi e di gusto; tu no.» Desidera impressionare, ma si lascia impressionare solo da se stesso.

Nota su una sottospecie di esibizionista Esiste anche l'esibizionista muto. Entra in classe indossando IL giubbotto: quello che tutti agognano da mesi, dopo averlo visto nelle vetrine del negozio piú caro della città. Tutti sanno che costa uno sproposito. L'esibizionista muto si limita a esibire un sorrisetto di compiacimento, un'espressione tipica.

Come spiazzare un esibizionista Non è facile, ma potreste fingere il sonno. Potrebbe comprendere il messaggio: non siete né affascinate né eccitate dal suo charme, dalla sua eleganza, dalle sue maniere perfette, dalla sua enorme sapienza, eccetera.

Uno dei luoghi dov'è possibile trovarlo Su un campo di calcio, inseguito da un arbitro che fischia e urla: «FALLO!» L'esibizionista, che ha appena notato un gruppo di ragazze vicino alla linea di fondo campo, si fa largo a gomitate fra compagni e avversari per conquistare la palla, urlando «MIA! MIA!» Con una rincorsa a cento all'ora corre verso la palla, la manca

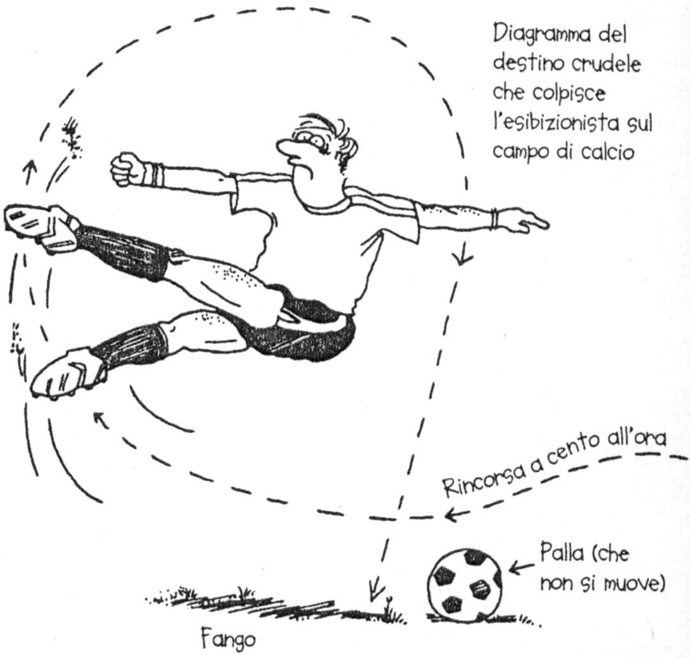

completamente, scivola nel fango e cade di piatto sulla schiena. Mentre gli altri ragazzi sono piegati in due dal ridere, voi potete correre a medicare il suo ego ferito.

SPECIE 8
Il macho

Atteggiamento Da vero duro.

Grido caratteristico «Ehi!»

Comportamento rituale associato al grido caratteristico Batte con energia una mano sulla spalla del compagno, mentre con l'altra finge di colpirlo allo stomaco con un pugno. Potrebbe anche gridare: «VECCHIO MAIALE!» o qualcosa di simile. L'amico, a quel punto, mette in scena la medesima pantomima, fingendo di colpirlo allo stomaco. Poi entrambi si abbandonano a una sonora e prolungata risata.

Scopo del rituale Stabilire un legame di solidarietà maschile, allo scopo di impressionare le ragazze e di dominarle.

Ferma convinzione del macho Le ragazze sono sciocche, deboli e patetiche; ragione principale della loro vita è rimanere folgorate dall'apparizione del macho.

Dove si trova Al campo sportivo, nel mezzo di una pioggia torrenziale che ha ridotto il terreno a una pozza di fango. «Non saranno due gocce di pioggia a fermarmi» urla, proprio l'istante prima di svenire, colpito in piena fronte da un chicco di grandine grosso come un'arancia. Per riprendersi gli ci vorrà un po' di tempo e molte amorevoli cure da parte di sua madre o dell'infermiera della scuola. Contrariamente alla convinzione diffusa, ama essere devotamente curato, soprattutto se nei paraggi non ci sono compagni a osservare.

Costumi alimentari Conta la quantità, non la qualità. Essere eccessivamente interessati a ciò che si mangia, invece di ingurgitare quel che capita senza farsi domande, è considerato molto poco macho. È macho, invece, ruttare ed espellere aria... no, siamo onesti: è macho

Il macho

chiamare SCOREGGIA una SCOREGGIA. Il linguaggio dei macho è pieno di questi termini e di altre espressioni idiomatiche caratteristiche delle lingue neolatine.

Cose macho da fare Accartocciare le lattine di Coca-Cola con una sola mano.

Cose macho da dire «Vado a farmi un litro.» (Suona molto bene, anche se il litro è un cartone di latte che sua madre gli ha chiesto di comprare, tornando a casa.)

Modo macho di camminare Il macho non è mai grosso quanto vorrebbe. Compensa questa condizione ciondolando e ondeggiando da una gamba all'altra, in modo da occupare quanto piú spazio possibile.

Come irritare un macho (quando ne avete abbastanza di rutti e lattine accartocciate) Fategli questa semplice domanda: «Sei sicuro di stare bene?»

«CERTO CHE STO BENE. CHE PROBLEMA HAI? GUARDA QUI!» E comincia a gonfiare i muscoli o a sollevare oggetti pesanti, scagliandoli lontano, per dimostrarvi quanto incredibilmente stia bene. Il macho sta sempre BENE, e considera un insulto personale il semplice fatto che qualcuno non se ne accorga.

Nota bene Il macho è la gioia di mamma: a casa è ubbidiente e servizievole.

SPECIE 9
L'immaturo

Suono caratteristico La risatina isterica: è inconfondibile. La si può udire in special modo durante le lezioni di biologia in cui si trattano argomenti attinenti alla riproduzione: l'immaturo riesce a ridacchiare anche per l'attività sessuale della rana comune. Ogni forma di educazione o informazione di natura sessuale scatena le sue risatine isteriche.

Espressione facciale caratteristica Il sorrisetto idiota.

Dove si trova In compagnia di suoi simili, a ridacchiare, guardandosi intorno furtivamente. Salgono l'uno sulle spalle dell'altro per spiare dalla finestrella dello spogliatoio femminile. Si sdraiano sotto le scale per sbirciare sotto la gonna delle ragazze che salgono. Sono particolarmente attratti dalle porte aperte in alto e in basso, come quelle dei gabinetti scolastici, che offrono allettanti opportunità di sbirciare. Il loro sorrisetto idiota tende ad apparire nell'esatto momento in cui meno si vorrebbe vederlo.

SPECIE 10
Il burlone

Suono familiare, che vi avverte della vicinanza del buffone «PHRAAAPPP!», immediatamente seguito da: «L'HA FATTA!» Sí, non vi

Quanto abbiamo riso! (Nel palmo della mano nasconde sempre qualcosa che vi dà una scarica elettrica; ha un orologio che vi schizza acqua in faccia. Che mattacchione!)

sbagliate. Si tratta dell'infame cuscino a pernacchia. Non è divertente?

Altre denominazioni della specie Pagliaccio della classe. Ci sono anche altri nomi, usati dalle vittime dei suoi scherzi, ma in un libro serio come questo non sono riferibili.

Comportamento tipico, per quanto poco saggio Si produce in una grottesca imitazione del professore che, quasi sempre, entra in classe nel bel mezzo della performance. Colleziona note sul registro e spesso finisce in presidenza.

Ragione del poco saggio tipico comportamento Desidera attenzione e popolarità, ma manca di autostima. È convinto che gli altri gli vogliano bene solo se riesce a farli ridere; sfortunatamente, se non è dotato di un vero talento comico, le sue barzellette a raffica producono solo raffiche di sbadigli. Il pagliaccio che infligge a tutti scherzi a ciclo continuo di solito maschera un'assoluta mancanza di fiducia in se stesso: sostiene il proprio ego prendendosi gioco degli altri, ma non gradisce affatto che le parti si invertano.

Come impedirgli di raccontare un'altra delle sue terribili barzellette Ditegli che è terribilmente sexy quando è serio. Questo lo paralizzerà. Probabilmente assumerà un'espressione spaventata e si dimenticherà di finire la storiella (se avrete fortuna).

SPECIE 11

Il cocco di mamma

Tratto distintivo Cravatta perfettamente verticale (la mamma gliela sistema tutte le mattine, prima di uscire di casa).

Comportamento tipico Va a scuola con un equipaggiamento accuratamente studiato sulla base del clima: d'inverno, giubbotto imbottito, stivali di gomma, sciarpa, guanti, cappello (o forse è un copriteiera fatto a mano); d'estate, tre cambi di T-shirt di un bianco abbacinante, pomata antistaminica contro le punture d'insetto, spray deodorante per i piedi e svariati tubetti di crema solare. Ha sempre con sé il suo bel portatovagliolo in argento con monogramma relativo, tovagliolo candido da stendere con cura sulle ginocchia prima di mangiare. Il suo pasto include SEMPRE vegetali verdi di qualche genere. A volte porta con sé lo spazzolino da denti, in modo da curare l'igiene orale dopo ogni pasto e dopo ogni caramella.

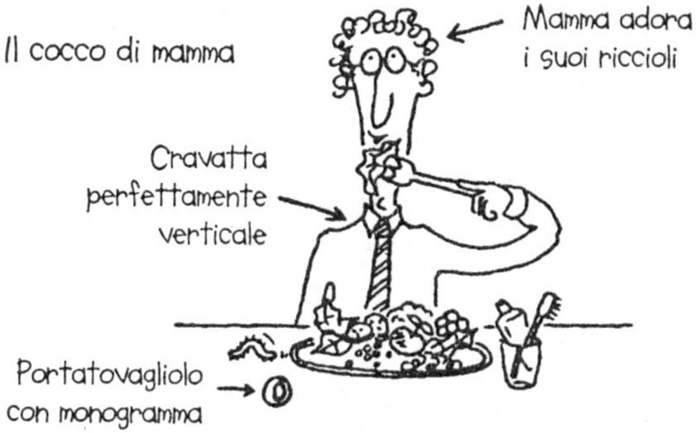

Dov'è impossibile trovarlo Al campo sportivo, quando fa freddo o c'è umidità: ha un esonero firmato da mamma, che lo ritiene facile alle infezioni polmonari; in realtà sta benissimo, ma a scuola preferiscono non avere discussioni con mamma.

SPECIE 12
Il viscido/verme

Comportamento tipico Sbuca subdolamente alle vostre spalle. Non vi si avvicina mai di fronte, in modo che lo possiate vedere: compare improvvisamente dove meno ve lo aspettate. Il primo segnale della sua presenza è il suono del suo respiro pesante in prossimità del vostro orecchio sinistro: o qualcuno ha un attacco d'asma oppure è... IL VISCIDO. Vi girate appena in tempo per vedere la sua mano ritrarsi bruscamente, come se fosse stata sul punto di toccarvi. Ha un atteggiamento viscido e sottomesso, come quello di un cane che desideri essere coccolato, ma si aspetta una scarica di legnate.

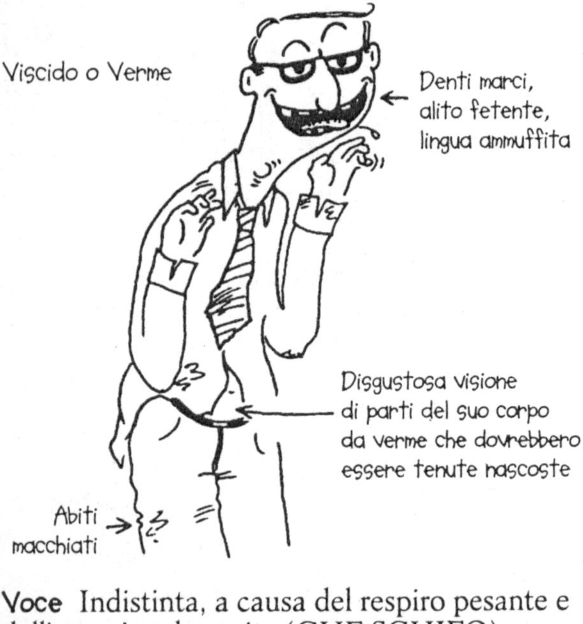

Voce Indistinta, a causa del respiro pesante e dell'occasionale ansito (CHE SCHIFO).

Aspetto Trasandato, con macchie di natura equivoca sugli abiti.

Espressione facciale tipica Sguardo lubrico. Occhi porcini. Bocca semiaperta; la sua faccia repellente compare ovunque, come se il suo collo fosse estensibile ed elastico. Spesso ha l'alito pesante.

Una considerazione Viscidi e vermi tendono a non osare molto, con le ragazze. Ma fate attenzione che non si dedichino ad altre attività, decisamente disgustose, tipo sottrarvi la biancheria dall'armadietto dello spogliatoio, in palestra, o costringervi a baciarli (vi afferra per le spalle e vi schiocca un bacio umido e sgradevole, nonostante i vostri tentativi di sfuggirgli). Incontri di questo genere, per quanto brevi, sono ciò che di piú spiacevole ci si possa aspettare dalla vita.

Come tenerlo a bada Quando è presente, fate in modo che con voi ci siano amici o amiche: viscidi e vermi tendono alla codardia e non si arrischiano ad avvicinarvi, se vi vedono in compagnia di altre persone. Potrebbero, comunque, osservarvi da lontano: in questo caso, osservateli a vostra volta e indicateli ai vostri amici. Questo dovrebbe spaventarli e farli allontanare. Se non bastasse, parlate ad alta voce con uno dei vostri accompagnatori, chiedendogli informazioni sulla sua cintura nera di karatè o sulla sua recente vittoria al campionato giovanile di pugilato, categoria mediomassimi. Non vi resterà che osservarli mentre strisciano via.

Varietà della specie

IL VISCIDO DI CLASSE

IL LUMACONE DEL CENTRO SPORTIVO – Lascia una scia di bava sul bordo della piscina e ovunque si trovino ragazze che fanno esercizi in costume, gonne corte, short e pantacollant.

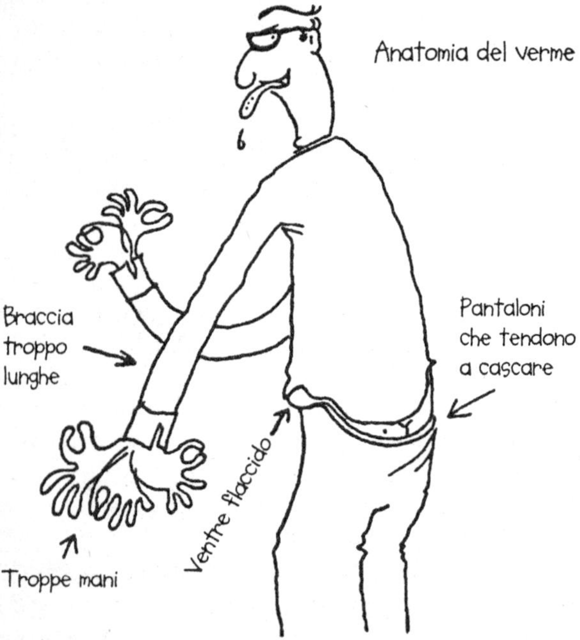

L'ARTISTA DELLA MANOMORTA – Ve lo troverete alle spalle in coda alla mensa o alla fermata dell'autobus (molto, troppo vicino) ad alitarvi sul collo, pronto a lasciar scivolare la mano esattamente dove non vorreste. Se siete in coda alla mensa scolastica, vi farà completamente passare l'appetito. Ma siate consapevoli che se fosse un ragazzo che vi piace a comportarsi cosí, ne sareste molto meno dispiaciute.

Come liberarsi dell'artista della manomorta
Voltatevi e affrontatelo a muso duro, dicendo ad alta voce: «Ti dispiacerebbe smetterla?» Sarà talmente imbarazzato che fuggirà a chilometri di distanza (e starà lontano da voi per i prossimi vent'anni).

SPECIE 13
Quello triste che si è innamorato e vi segue ovunque

Aspetto Triste. Non lo si nota e non lo si ricorda. Se trenta secondi dopo che gli avete parlato (per quanto sia un evento improbabile), qualcuno vi domandasse che cosa indossa o di che colore ha gli occhi, avreste serie difficoltà a rispondere.

Comportamento tipico Triste. Se ne sta lí, a guardarvi con un'espressione triste, aspettando che diciate o facciate qualcosa che gli rallegri la giornata. Ma voi non lo fate.

Espressione caratteristica Triste. I suoi occhi perennemente lucidi e imploranti sono una silenziosa richiesta di attenzione e amore.

Atteggiamento generale Triste. Con tutto il corpo vi supplica di stargli vicino; ma voi, tristemente, non sareste disposte a farlo neppure da morte.

Il triste

Come liberarsene

- Esclamate: «Guarda! Due cavallette batracofaghe nere... credo che si stiano per accoppiare!» Mentre scruta l'orizzonte per individuare il luogo del misfatto, ve la darete a gambe; sciaguratamente, vi ritroverà quasi di certo, ovunque siate fuggite.
- Se c'è una ragazza che vi sta proprio antipatica, rivelategli che ha un debole per lui. È una mossa scorretta, ma efficace: lui potrebbe cominciare a tallonare lei e lasciare in pace voi. È alla disperata ricerca di affetto, anche se con le ragazze non sa da che parte cominciare.
- Travestitevi in modo che non possa ricono-

scervi (probabilmente non è una buona idea: infatti, cosí facendo, sareste irriconoscibili anche per il ragazzo che vi piace, senza contare che agli insegnanti potrebbe non piacere l'idea di avere in classe un gorilla, un grizzly o un alieno).

Una tecnica per sfuggirgli: il travestimento

SPECIE 14
Lo zerbino

Dove si trova Sdraiato sul pavimento, in modo che vi ci possiate pulire le suole delle scarpe.

Atteggiamento Apologetico. Talmente desideroso di piacervi da diventare irritante.

Incontro tipico con lo zerbino

VOI: «Oh, no! Ancora tu!» (Non è una bella cosa da dire; dovreste vergognarvi. D'altra parte, questo è l'effetto che ha su di voi.)

ZERBINO: «Scusa; mi dispiace disturbarti, ma dovevo assolutamente parlarti.»

VOI: «Avanti! Muoviti.»

ZERBINO: «So che la settimana scorsa sei uscita con dieci ragazzi, perciò... volevo dirti che sono ancora tuo amico: puoi sempre contare su di me. Ti starò sempre accanto.» (Sarebbe piú corretto dire: "Sotto i piedi.")

VOI: «Levati di torno.»

ZERBINO: «Il mio amore per te è immutato.»

VOI: «Be'... cioè... non so cosa dire...»

ZERBINO: «Non dire niente. Va bene cosí. Non devi sentirti obbligata...»

Il che non è affatto sbagliato, dal momento che non avrà niente da voi; dopo un incontro come questo, potreste sentirvi in colpa, perché proprio non avevate intenzione di essere cosí crudeli. Ma non potrebbe arrivarci da solo?

La dura realtà Niente lo scoraggia, e questo è davvero irritante: quanto piú lui è remissivo, tanto piú voi diventate perfide e tanto piú lui si profonde in scuse. La cosa è talmente nauseante che vi fa diventare sempre

piú cattive. Vi sentite orrende: vorreste vederlo scomparire dalla faccia della terra.

Come impedire a uno zerbino di farsi calpestare da voi (e di darvi sui nervi) Fate un respiro profondo. Contate fino a trentasei. (Ve l'avevo detto che il respiro doveva essere profondo!) E con lui siate di una gentilezza squisita. Gli zerbini si sentono a disagio di fronte alla gentilezza: sono abituati a farsi calpestare dagli altri. La prossima volta che dice: «Lo so che non mi ami», rispondete: «Ma non è vero: hai molte qualità che ho imparato ad apprezzare. Sei onesto, integro, gentile e pieno di dignità. Sei proprio un amico.» Sarà confuso: non gli avete lasciato la possibilità di scusarsi. La prossima volta che tenterà di gettarsi ai vostri piedi, non calpestatelo; trattatelo con rispetto: sarà costretto a cercare un'altra ragazza che lo maltratti.

Tutte le specie descritte in questo capitolo hanno una caratteristica in comune:

SONO DEPRIMENTI.

Suggerimenti pratici

- Ignorateli completamente. Fate come se non esistessero.
- Per liberarsene, è lecito usare ogni mezzo, anche il piú banale. (Per esempio: «Oddio, come si è fatto tardi! Devo proprio scappare.»)

7

SPECIE IN VIA DI ESTINZIONE

Nota generale sulle specie in via di estinzione
Le specie che hanno preso l'abitudine di mimetizzarsi per non farsi riconoscere, sono diverse. Poiché la loro esistenza è seriamente minacciata, assumono l'aspetto e il comportamento di specie citate in questo libro. Se doveste incappare in una delle specie descritte in questo capitolo, ritenetevi fortunate.

SPECIE IN VIA DI ESTINZIONE 1
Romantico vecchio stile

Dove si trova Sulla soglia di casa, con una rosa rossa, una scatola di cioccolatini o il vostro profumo preferito, e due biglietti per un concerto, un film o uno spettacolo teatrale a cui sognavate di assistere.

Tratto distintivo È un maestro dello sguardo che vi fa sciogliere completamente: vi guarda dritto negli occhi e, attraverso gli occhi, vi entra nell'anima, pieno di sincerità e di amore.

Aspetto Sareste tentate di escludere che abbia capelli rasati, anello al naso, tatuaggi e bracciali di cuoio con le borchie. Ma rischiate di sbagliarvi. Perfino un rude colosso pieno di muscoli, una volta innamorato, può trasformarsi inopinatamente in un vero sentimentale; cosí come, sotto le spoglie di un membro del branco, potreste scoprire un romantico vecchio stile, a condizione che sia solo con voi e sia certo di non essere visto dai suoi amici (sta correndo un rischio terribile: se lo scoprissero, passerebbe un brutto quarto d'ora). Senza contare che quel goffo intellettuale con il naso perennemente affondato in un tomo della biblioteca scolastica potrebbe all'improvviso rivelarsi uno fra i piú inguaribili romantici del pianeta: alla ragazza che adora è capace di mandare (anonimamente) un sonetto d'amore di Shakespeare.

Ragioni per cui il romantico vecchio stile è in via di estinzione

- Impegnarsi troppo per conquistare una ragazza, coprirla di regali, farle discorsi appassionati, eccetera non è considerato "giusto".
- Essere avvistati dal branco con un mazzo di fiori in mano è un'esperienza traumatizzante.

MEMBRO DEL BRANCO: «Naaah! EHI! GUARDATE CHI SI VEDE! È STEVE! Non è carino? Smack! Smack! Un mazzolino di fiorellini per la sua fidanzatina!»
STEVE: «Sono per mia madre!»

- Il terrore di essere oggetto di prese in giro è la ragione principale per cui il romantico tende a nascondere la vera natura dei propri sentimenti.

Il romantico

Come garantire la sopravvivenza di questa specie bella, tenera e appassionata (come resistere?)

- La prossima volta che un ragazzo lascia dei fiori o un piccolo regalo sul vostro banco, cercate di apprezzare, oltre all'omaggio, anche il suo coraggio. Vi ha fatto un complimento meraviglioso (e la cosa è eccitante), perché ha rischiato sia di essere respinto da voi sia di essere preso in giro dagli amici. Per cui, ignorate le risatine dei fessi e ricompensatelo con il piú smagliante dei sorrisi. Se non sapete chi ha lasciato i fiori (la cosa è ancora piú eccitante – sarà stato quel tipo che vi piace tanto o il Nerd Massimo, leader di tutti gli impallinati della scuola?) lasciate capire apertamente che avete apprezzato il gesto, aspirandone intensamente il profumo e mettendoli in bella vista sul banco.

- Non sottovalutate mai il dispiacere che provoca un rifiuto; se un ragazzo – perfino un vero anorak – riesce a trovare il coraggio necessario per avvicinarvi e chiedervi di uscire, non aggreditelo, dicendogli: «E come ti è venuto in mente che io possa voler uscire con te?» Non solo è un'inutile cattiveria, ma tende a scoraggiare il romantico vecchio stile dall'esprimere liberamente la propria natura, abilmente celata da anorak, berretto di lana con pompon e biro nel taschino. Se proprio non reggete all'idea di uscire un pomeriggio con lui, trovate una scusa plausibile: che avete un sacco di compiti in arretrato

o che i vostri genitori vi hanno punito e non potete uscire per le prossime tre settimane.

- Ricordate che le apparenze ingannano. Il fatto che NON sembri romantico, non significa necessariamente che non lo sia. Se volete incoraggiare la sua tendenza al romanticismo, offritegli la possibilità di esprimere i suoi sentimenti: passeggiate in luoghi pittoreschi e solitari, per godervi il panorama o – la sera – uscite ad ammirare le stelle; ascoltate musica insieme.
- Potete incoraggiare un comportamento romantico scegliendo un tavolo per due, possibilmente un po' in disparte, alla mensa scolastica (AH AH AH); dite qualcosa di carino, tipo: «Mi piace stare vicino alla finestra, per poter guardare fuori e sentirmi libera.» So che sarà difficile con tutti gli stupidi che, dall'altra parte del vetro, vi fanno boccacce e smorfie. Ma non arrendetevi. In-

vitatelo di nuovo: questa volta a cena, nello scenario piú romantico di casa vostra (se riuscite a ignorare le risatine di fratellino, cane e genitori, tutti assai poco propensi a lasciarvi soli, anche solo per un momento). Il lume di candela è romantico: chiedete a vostra madre di apparecchiare con le candele, quando lui viene a cena. Una cenetta cosí può anche essere a base di hamburger e patatine: se lui è un vero romantico, gli basterà il vostro viso illuminato dalla calda luce delle candele; se non è romantico, non si accorgerà di voi prima di aver deglutito l'ultima patatina.

Attenzione Non aspettatevi che un ragazzo, perfino il piú romantico, sia SEMPRE romantico; una sera potreste trovarvi in compagnia di un bruto con i piedi sul tavolino e calzini dall'odore sospetto, che guarda i programmi televisivi piú stupidi senza degnarvi di uno sguardo e senza MAI mettervi il braccio sulla spalla. Questo non significa che non vi ami piú: significa semplicemente che anche lui è un essere umano e che, per ritemprarsi dopo una mezza dozzina di discorsi sentimentali e cenette a lume di candela, ha bisogno di rilassarsi a modo suo (non capita anche a voi?). Lasciategli spazio e tempo per riprendersi: solo cosí avrete la possibilità di trovarlo di nuovo alla vostra porta, con fiori, cioccolatini, biglietti per il teatro e quello sguardo che vi fa sciogliere.

SPECIE IN VIA DI ESTINZIONE 2
Il gentiluomo

Il marchio del gentiluomo Scarpe lucide; le sue scarpe sono cosí lucide che vi ci potreste specchiare. Non fatelo: secondo lui, una vera signora non si getta carponi ai piedi di nessuno; non è dignitoso. E, comunque, non sono le scarpe la parte di lui che piú vi interessa.

Nota bene: i gentiluomini di oggi possono, occasionalmente, indossare scarpe da ginnastica, sempre molto pulite.

Dove si trova Nel luogo stabilito, all'ora stabilita. Esattamente. Lui è sempre puntuale. A voi, invece, è permesso tardare un po': è tipico del gentiluomo aspettare con pazienza che la sua compagna finisca di prepararsi.

Comportamento tipico Ha maniere impeccabili: perfino i vostri genitori lo considerano PERFETTO; vi apre sempre la porta. È in grado di compiere scatti prodigio-

Il gentiluomo

si, pur di lasciarvi il passo; nello stesso modo, si precipita fuori dall'automobile per aprirvi la portiera. Fin dai tempi piú antichi, è ferma convinzione dei gentiluomini che le donne abbiano difficoltà con le porte. Il gentiluomo fa di tutto per farvi sentire una perfetta imbranata; in piccole dosi, questa sensazione può essere piacevole.

Nota storica La peggiore minaccia alla sopravvivenza del gentiluomo è stata l'invenzione delle porte girevoli. Solo a pensarci, gli gira la testa.

Atteggiamento del gentiluomo La disponibilità... ma cosa dico, la fiera determinazione ad aspettare (adora le code). È convinto che voi

due dobbiate aspettare (cosa, non è chiaro; anche se, forse, una vaga idea ce l'avete). A voi non dispiacerebbe che lui si togliesse la giacca, allentasse il nodo della cravatta e si strappasse di dosso la camicia per stringervi fra le braccia e... Ma non lo fa. Perché? Perché è pronto ad ASPETTARVI.

Come riuscire a convincerlo che aspettare non è necessario

- Gettatevi fra le sue braccia di gentiluomo e sussurrategli che è il pollastro piú succulento del quartiere, e che non vedete l'ora di abbandonarvi con lui al turbine dei sensi.

Come attrarre un gentiluomo

Probabile reazione: sconcerto, incredulità, irrigidimento del labbro superiore. Niente di piú: nel suo libro preferito *Della cavalleria e dell'etichetta*, le ragazze NON fanno mai la prima mossa.

- Ditegli che, fra tutti quelli con cui siete uscite, lui è il ragazzo che vi è piaciuto di piú.
  Probabile reazione: sarebbe intollerabile. Per un vero gentiluomo, una brava ragazza non esce con molti ragazzi.
- Ditegli che è il primo ragazzo con cui avete accettato di uscire.
  Probabile reazione: anche se si tratta di una bugia, sortirà l'effetto desiderato. Sarà affascinato dalla vostra innocenza e potrebbe perfino arrischiarsi a prendervi la mano.

Ragione per cui il gentiluomo è in via di estinzione Le ragazze si sono stancate di aspettare. (Davvero a ogni porta vorreste aspettare, immobili, che lui corra ad aprirvela?)

Ragioni per cui il gentiluomo dovrebbe essere protetto

- È il primo a farsi avanti per difendervi, in caso di pericolo.
- La sua correttezza e il suo senso dell'umorismo sono la garanzia della vostra sicurezza: non si sognerebbe mai di ferirvi e desidera solo proteggervi.
- È bello trovare solo porte aperte davanti a

sé, invece di farsi largo a spallate, sotto il peso di libri, quaderni e con in mano quel grosso vaso fatto al corso di ceramica.

ATTENZIONE

Le apparenze possono ingannare e, se non osserverete con sufficiente attenzione, potreste confonderlo con un gentiluomo (forse un gentiluomo minore o un'altra sottospecie); ma se, in realtà, è troppo antiquato e troppo rigido, potrebbe essersi ibridato con...

il PM!

PM
(Ammettetelo, visto cosí sembra quasi carino)

SPECIE IN VIA DI ESTINZIONE 3
Il porco maschilista (PM)

Atteggiamento nei confronti delle ragazze Pessimo. Le considera cittadini di seconda categoria, e se stesso un maschio di primissima classe.

Grido caratteristico del PM alla vista di una ragazza «PHWOAR! Sono qui per te, pupa! Non sei felice di vedermi?» (O qualcosa di simile.)

Le cose che il PM non ama

- Le donne che non sanno cucinare, preparare il caffè o il tè.
- Le donne che si rifiutano di servirlo come un sultano.
- Le donne che parlano troppo.
- Le donne che parlano.
- Le donne con un cervello indipendente.
- Le donne con un cervello.

Ragione per cui la sopravvivenza del PM è minacciata Le donne lo picchiano appena apre la bocca. E quelle che non credono alla violenza fisica gratuita, si limitano a ignorarlo.

Ragioni per cui il PM dovrebbe essere protetto Si accettano suggerimenti.

Le tre specie descritte in questo capitolo hanno una caratteristica comune: LA LORO SOPRAVVIVENZA DIPENDE DA VOI. Potete distruggere la vita di un romantico, offendere irrimediabilmente un gentiluomo o ignorare completamente un PM. Oppure potete decidere di far vivere un romantico su una nuvola di amore appassionato; o essere perfettamente affascinanti, femminili e imbranate (fino a un certo punto) per un gentiluomo; o ignorare completamente un PM (o, se preferite, sposarlo per passare il resto della vostra vita in cucina).

CONCLUSIONE

Come capire se è il ragazzo giusto?

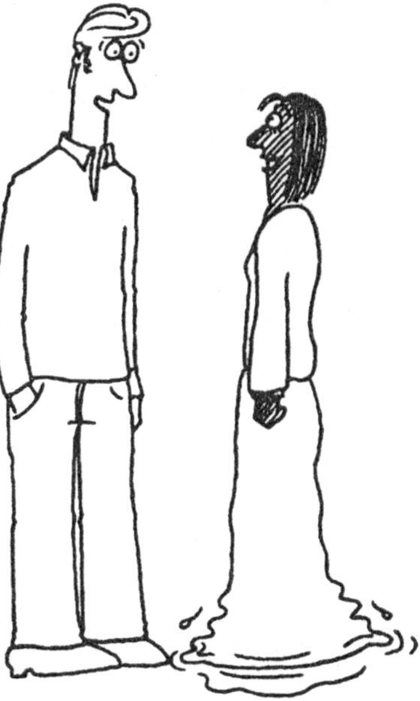

Basta che vi guardi... e vi sciogliete.

Ora che avete acquisito una certa pratica nell'osservazione a distanza di tutte le diverse specie – i ragazzi sexy; i brutti, sporchi e cattivi; i bravi ragazzi; i ragazzi divertenti; quelli sensibili e impegnativi; quelli sportivi – potete decidere a quale dedicare osservazioni piú approfondite. (Vi consiglio di continuare a mantenere le distanze dai ragazzi noiosi e irritanti.) Che ad attrarvi irresistibilmente sia il sonoro chiocciare del Membro del branco, il quasi impercettibile soffio del Bravo ragazzo o il richiamo strombazzante del Campione della scuola, ora lo potete avvicinare con la sicurezza che deriva dalla conoscenza (per quanto approssimativa). Non peccate, però, di eccessiva fiducia, ed evitate i gesti bruschi: l'esemplare che state seguendo potrebbe spaventarsi e darsi alla fuga; se, invece, saprete trattarlo nel modo giusto, anche grazie all'aiuto di questa guida, potreste riuscire a convincerne uno a prendere il cibo dalle vostre mani (e, con un po' piú di sforzo, lo addestrerete a usare forchetta, coltello e cucchiaio).

Siate pronte.

Individuate il vostro ragazzo
e studiatelo a distanza.

Poi... innamoratevi!

INDICE

Rosie Rushton

SAREMO AMICHE PER SEMPRE...
ma giú le mani dal mio ragazzo!

Eccoli di nuovo: Chloë, Sinead, Jasmine, Nick e Sanjay, amici per la pelle che bisticciano, discutono, si ribellano, si innamorano... insomma crescono e imparano ad affrontare la vita, guai e problemi compresi, sostenendosi a vicenda e attingendo forza e allegria dall'amicizia che li unisce. Ma cosa succede se due ragazze del gruppo mettono gli occhi sullo stesso ragazzo? Si sa che di fronte a una "preda" appetibile non c'è amicizia che tenga, e che non è difficile passare dalle confidenze intime a una battaglia senza esclusione di colpi. Riusciranno le nostre eroine a comportarsi lealmente e a restare amiche, anche se il bellissimo Nick piace tanto a tutt'e due? Si accettano scommesse...

Giulia Goy

MALEDUCATA IO?
Il galateo della perfetta teen-ager

Ve li ricordate i vecchi, polverosi galatei che spiegavano come si fa un baciamano, quali posate si usano per mangiare il pesce e in che modo vestirsi per andare a un ricevimento? Bene, il libro che avete tra le mani è tutta un'altra cosa... o quasi, perché, anche se il nostro modo di comportarci è molto meno formale di un tempo, non c'è dubbio che qualche regola, molto buon senso e una bella quantità di rispetto per gli altri (e per noi stessi!) ci aiutino a vivere meglio e ad avere rapporti migliori con chi ci sta intorno. E allora ecco un manuale che, con molto garbo e parecchia ironia, vi aiuterà ad apprezzare contenuto e forma delle cosiddette "buone maniere" e magari, chissà, anche a metterle in pratica...

Le Ragazzine

1 Mamma non fare scenate!
2 Perché va tutto storto?
3 Cara Camilla, nessuno mi capisce...
4 Cara Camilla, lo amo ma lui...
5 Come sopravvivere agli anni migliori della nostra vita
6 Come sopravvivere alla prima cotta
7 Per favore, niente genitori alla mia festa
8 Lo fanno tutte, perché io no?
9 Grande! Avete rovinato il resto della mia vita!
10 Non sono piú la tua bambina
11 Ragazzi, istruzioni per l'uso
12 Sei la mia migliore amica, ma ti odio!
13 Come uscire di casa e ritornarci sana & salva
14 Come hai potuto farmi questo?
15 E se poi lui... e se poi lei...
16 Volevo fare la modella
17 E io... cerco la mia strada
18 Vorrei un vestito rosa...
19 Aiuto! La mia famiglia mi fa impazzire
20 Ogni cosa a suo tempo
21 Voglio scrivere una storia d'amore
22 A ciascuno il suo corpo
23 Se Cupido mi desse una mano...
24 Non dirmelo: siamo di nuovo nei guai!
25 Per favore, non vestirti da idraulico!
26 Caro diario anche questa volta non mi hanno invitata
27 Un fidanzato per mia sorella
28 Non sono femminista, ma...

le Ragazzine

29 Non saremo mai sorelle
30 Un anno in questa scuola di matti?
31 Toglietemi di torno questi piccoli mostri!
32 Ragazze non facciamoci illusioni
33 Se io sono Giulietta e tu Romeo che cosa aspetti a baciarmi?
34 Come hai osato leggere la mia e-mail?
35 Volevo essere un'altra... e il guaio è che ci sono riuscita
36 Cara E. perché non mi rispondi?
37 E chi l'ha detto che per essere belle bisogna soffrire?
38 Se non fosse per gli amici...
39 La mia vita è un disastro
40 Accidenti, perché non mi guarda?
41 Se ho passato un anno d'inferno...
42 Una vacanza cosí non si augura a nessuno...
43 Saremo amiche per sempre...
44 Maleducata io?
45 Boy watching
46 Ama me! No, me!
47 Di nuovo in questa scuola di matti!
48 Volevo un principe non un ranocchio!
49 Ehi! Vi siete accorti che ci sono anch'io?
50 Sono disperata e nessuno se ne cura
51 Ne ho abbastanza della dura realtà
52 Risate e bisticci, lacrime e pasticci
53 Un cellulare x 2
54 Alla larga dal mio diario...

Altre proposte di lettura

JUNIOR GAIA

1. Jean Craighead George
Julie dei Lupi
3. Erich Kästner
Carlotta e Carlotta
6. Bianca Pitzorno
Principessa Laurentina
7. Rhea Beth Ross
La sfida di Lizzie
8. Theres Tomlinson
La donna della foresta
11. Chlöe Rayban
L.O.V.E.
15. Anke de Vries
Io sono Judith
16. Sharon Creech
Due Lune
17. Helen Kim
La lunga stagione della pioggia
19. Virginia Euwer Wolff
Verna & Jolly
22. Patricia MacLachlan
Primo amore
23. Patricia A. McKillip
Una culla in fondo al mare
27. Sandra Scoppettone
Capelli viola
28. Jan Slepian
Le rose del Bronx
30. Ruth White
Vivere a Sweet Creek
31. Ruth White
Bellissima
36. Nancy Farmer
Una ragazza chiamata disastro
39. Vivien Alcock
Emma è tornata
40. Peter Dickinson
Eva
41. Bette Greene
L'estate del soldato tedesco
43. Philip Pullman
Un rubino nel fumo
48. Barbara Jacobs
Stecchino
51. Bianca Pitzorno
Sulle tracce del tesoro scomparso
52. Margaret Mahy
L'altra faccia del silenzio
53. Rukshana Smith
Sale sulla neve
54. Giusi Quarenghi
Un corpo di donna
55. Peni R. Griffin
Il pozzo dei desideri
56. Bianca Pitzorno
Speciale Violante
57. Cynthia D. Grant
Zio Vampiro
59. Cynthia Voigt
Una ragazza modello
60. James Pope
E-mail
61. Melvin Burgess
Innamorarsi di April
63. Kristen Downey Randle
Smitty
64. Ji-Li Jiang
Il fazzoletto rosso

67. Astrid Lindgren
Ronja
68. Margaret Mahy
La figlia della luna
70. Bette Greene
In cerca di Anton
71. Patrice Kindl
Il gufo innamorato
72. Ruth White
All'ombra del salice
73. Melvin Burgess
Il rogo
76. Karen Cushman
Catherine
77. Budge Wilson
Il viaggio
82. Nava Semel
L'esclusa
83. Giusi Quarenghi
Ragazze per sempre
85. Sharon Creech
Il sentiero segreto
86. Ann Carroll
Quell'anno a Dublino
87. Katherine Paterson
Il pianto degli usignoli
88. Virginia Hamilton
Piccola città
89. Garry Kilworth
Tre ragazze all'antica
90. Melina Marchetta
Terza generazione
91. Carol Lynch Williams
Cara e Caity
92. Jean Craighead George
Julie e il branco
93. Sharon Creech
Un anno in collegio
94. Virginia Euwer Wolff
La ragazza col violino
95. Amy Bronwen Zemser
Sotto l'albero del mango
97. Norman Silver
La danza del pitone
98. Theresa Tomlinson
La Regina di Maggio
99. Chloë Rayban
Una ragazza scatenata
100. Joan Bauer
In viaggio con Madeline
101. Joyce McDonald
Per amore di Jenna
102. Jerrie Oughton
Carissima nonna...
103. Gail Levine Carson
Il dono della Fata
104. Karen Cushman
Matilda Bone
105. Alexandria LaFaye
L'Uomo della Segatura
106. Tracy Barrett
Anna di Bisanzio
107. Jean Thesman
Strega a malincuore
108. Ruth White
Mia sorella Summer
109. Gillian Cross
Al lupo!
110. Sharon Creech
Il solito, normalissimo caos
111. Joan Bauer
Padri di carta
112. Virginia Euwer Wolff
Bat 6